Weihnachts-küche

Klassische & festliche Rezepte

Weihnachts-küche

Klassische & festliche Rezepte

Herausgegeben von
Sabine Vonderstein

Parragon
Bath • New York • Singapore • Hong Kong • Cologne • Delhi
Melbourne • Amsterdam • Johannesburg • Shenzhen

Ein Teelöffel entspricht 5 ml, ein Esslöffel 15 ml. Soweit nicht anders angegeben, wird Vollmilch verwendet. Die Angaben zu Kartoffeln und Gemüse beziehen sich auf mittlere Größen. Pfeffer ist immer frisch gemahlen. Die Eier sind ebenfalls von mittlerer Größe und immer aus Freilandhaltung. Orangen und Zitronen sind unbehandelt, da die Schale häufig zum Aromatisieren verwendet wird.
Kinder, ältere Menschen, Schwangere, Kranke oder in Rekonvaleszenz befindliche Personen sollten auf Rezepte mit rohen oder leicht gegarten Eiern, auf rohen Fisch und rohe Meeresfrüchte sowie Erdnüsse oder Erdussprodukte verzichten.

Allergiker bitten wir zu beachten, dass einige Fertigprodukte, die in den Rezepten verwendet werden, allergene Bestandteile enthalten können und daher immer sorgfältig die Inhaltsstoffe der Produkte überprüft werden müssen.
Bewahren Sie Lebensmittelreste immer im Kühlschrank auf und prüfen Sie sie vor ihrer Verwendung gewissenhaft auf ihre Verwertbarkeit. Verdorbene Lebensmittel dürfen auf keinen Fall verzehrt werden.

Alle Rezepte in diesem Buch wurden mit größtmöglicher Sorgfalt und Liebe zubereitet, verkostet und überprüft.

Chartist House
15-17 Trim Street
Bath BA1 1HA, UK
www.parragon.com

Projektkoordination + Design: Sabine Vonderstein, Köln
Vorwort + Lektorat: Juliane Steinbrecher, Köln
Fotografien: Jo Kirchherr
Foodstyling: Dennis Nikolay
Fotostyling: Sabine Vonderstein

ISBN: 978-1-4723-0589-3

Printed in China

INHALT

VORWORT

Endlich wieder Weihnachten: Das schönste Fest des Jahres, an dem man im Kreis der Familie und mit Freunden genüsslich speist und sich beschenkt! Alle Jahre wieder werden bereits in der Adventszeit mit viel Freude Geschenke oder Weihnachtsschmuck gebastelt, die Wohnung weihnachtlich dekoriert, Plätzchen gebacken - und natürlich die Menüs für die Festtage geplant.

Egal, ob Sie endlich mal ihre eigene Weihnachtsgans zubereiten, eine ausgefallene Forellen-Terrine ausprobieren oder eine besonderes Dessert präsentieren möchten: In diesem Band finden Sie 40 klassische Weihnachtsrezepte, mit denen Sie ihre Gäste am Heiligen Abend sowie an den Feiertagen verwöhnen können. Aus den hier zusammengestellten delikaten Vorspeisen, festlichen Hauptspeisen und weihnachtlichen Nachspeisen können Sie sich ihr eigenes Weihnachtsmenü zaubern, ein beeindruckendes Hauptgericht auswählen oder einen weniger aufwendigen Imbiss für zwischendurch servieren. Und: Die detaillierten und einfachen Zubereitungsanleitungen garantieren nicht nur eingefleischten Hobbyköchen, sondern auch Kochanfängern ein gutes Gelingen aller Gerichte!

Darüber hinaus erhalten Sie viele Tipps zur interessanten Kombination der Speisen sowie zur Gestaltung des Weihnachtstisches. Lassen Sie sich inspirieren von kreativen Menüarrangements und ansprechenden Bildseiten und dekorieren Sie Ihre Festtafel mit allem, was sich draußen sammeln lässt und was an Geschenkband und Glitzer übrig bleibt.

Gutes Gelingen & frohe Weihnachten!

VORSPEISEN

FORELLEN-TERRINE MIT GARNELEN IM RÄUCHERLACHSMANTEL

Eine leckere Vorspeise, die auch noch am 1. und 2. Weihnachtsfeiertag als leichtes Abendessen schmeckt.

Für 4 bis 6 Personen

200 g geräucherter Lachs, in Scheiben
1,5 Blatt weiße Gelatine
½ Bund frischer Dill
200 g geräuchertes Forellenfilet
1 EL Wermut (Noilly Prat)
65 ml Fischfond oder Hummerfond
65 g Sahne
Fleur de Sel
zerstoßener bunter Pfeffer
100 g gegarte Garnelen, ausgelöst

Salat, zum Garnieren
geröstetes Weißbrot oder Baguette, als Beilage

• Eine Terrinenform (1,8 l Inhalt) mit Wasser ausspülen, gut abtropfen lassen und noch feucht mit Frischhaltefolie so auskleiden, dass diese über den Rand hinausragt. Die Folie haftet besser in der Form, wenn diese feucht ist.

• Die Form am Boden und an den Seiten vollständig mit drei Viertel der Lachsscheiben auskleiden; die restlichen Lachsscheiben beiseitestellen.

• Die Gelatineblätter in etwas kaltem Wasser 10 Minuten einweichen. Den Dill waschen, abtropfen lassen und klein hacken; ein paar Stängel zum Garnieren zurückbehalten.

• Forellenfilet, Dill und Wermut in eine Schüssel geben, vermengen und mit dem Pürierstab fein pürieren.

• Den Fischfond in einen Topf gießen und auf etwa 40 °C erwärmen. Die Gelatine ausdrücken, in den Fond geben und unter Rühren auflösen. Dann den Fischfond in das Forellenpüree einrühren.

• Die Sahne mit einem Handrührgerät steif schlagen, unter die Masse heben und diese mit Salz und Pfeffer würzen.

• Die Garnelen abspülen, abtropfen lassen und mit Küchenpapier trocken tupfen. Unter die Masse heben und gleichmäßig verteilen.

• Dann die Masse (Farce) in die Form füllen, glatt streichen und mit den restlichen Lachsscheiben belegen. Die überstehende Folie darüber zusammenfalten, damit die Terrine nicht austrocknet. Im Kühlschrank mindestens 5 Stunden fest werden lassen.

• Die Folie aufklappen, die Terrine aus der Form auf eine Platte stürzen und die Folie entfernen. Nach Belieben mit Salatblättern und Dill garnieren und mit geröstetem Weißbrot oder Baguette servieren.

Tipp: Zu der Terrine kann auch ein gemischter Blattsalat (s. S. 45) serviert werden.

KLASSISCHER HERINGSSALAT MIT ROTE BETEN

Nicht nur eine leckere Vorspeise, sondern auch ein passender Imbiss nach der mitternächtlichen Christmesse.

Für 6 bis 8 Personen

8 Matjesfilets
1 Zwiebel
2 säuerliche Äpfel
200 g Rote Bete aus dem Glas
250 g gekochtes Rindfleisch
200 g Essiggurken
200 g saure Sahne
100 ml Mayonnaise (50 % Fett)
1–2 EL Obstessig
1 Prise Zucker
Pfeffer
Salz
1 Ei
1 Glas feine Kapern (53 ml)

Weiß- oder Schwarzbrot, als Beilage

• Die Matjesfilets mit Wasser abspülen, mit Küchenpapier trocken tupfen und in Würfel schneiden.

• Die Zwiebel schälen und in kleine Würfel schneiden. Die Äpfel schälen, vierteln, vom Kerngehäuse befreien und in grobe Würfel schneiden.

• Die Rote Beten in ein Sieb gießen und den Saft auffangen. Rote Beten, Fleisch und Gurken ebenfalls in Würfel schneiden.

• Für die Marinade saure Sahne, Mayonnaise, Essig und 100 ml Rote-Bete-Saft in einer Schüssel verrühren. Mit Zucker, Pfeffer und Salz würzen.

• Alle Salatzutaten unter die Marinade mischen und den Heringssalat mindestens 4 Stunden im Kühlschrank kalt stellen und ziehen lassen.

• Das Ei in Wasser 10 Minuten hart kochen, mit kaltem Wasser abschrecken, schälen und klein hacken. Ei und Kapern zum Salat geben und unterrühren.

• Den Heringssalat in Schälchen anrichten und mit Weiß- oder Schwarzbrot servieren.

GARNELENCOCKTAIL MIT ROTEM PFEFFER

Eine besonders leichte Vorspeise, um den Appetit anzuregen!

Für 4 Personen

400 g gegarte Garnelen ausgelöst
30 ml Madeira
Saft von ½ Zitrone
½ Bund frischer Dill
150 g Schlagsahne
1 EL geriebener Meerrettich
1 TL grober Senf
1 Prise Zucker
2 EL Tomatenketchup
1 EL rote Pfefferkörner
Salz

einige Blätter Wildkräutersalat, zum Garnieren
Baguette, zum Servieren

• Die Garnelen abspülen, abtropfen lassen und mit Küchenpapier trocken tupfen. In eine Schüssel geben, mit Madeira und Zitronensaft beträufeln und etwa 10 Minuten marinieren.

• Den Dill waschen, mit Küchenpapier trocken tupfen und die Hälfte klein hacken; die restlichen Stängel beiseitestellen.

• Für das Dressing die Sahne mit einem Handrührgerät halb steif schlagen. Mit Meerrettich, Senf, Zucker und Tomatenketchup verrühren.

• Die Pfefferkörner in einem Mörser zerstoßen. Die Garnelen unter das Dressing mischen und mit Salz und Pfeffer würzen.

• Die Salatatblätter waschen und in einer Salatschleuder oder einem Küchentuch trocken schleudern. 4 Schalen damit auslegen und den Garnelencocktail darauf verteilen. Mit dem restlichen Dill garnieren und mit frischem Baguette servieren.

Tipp: Den Cocktail können Sie auch mit einer Mischung aus gleichen Teilen Garnelen und Flußkrebsfleisch zubereiten.

Steinpilzbrühe mit Griessklösschen und Champignons

Ideal zum Aufwärmen an einem kalten Weihnachtsabend!

Für 6 Personen

Steinpilzbrühe:
150 g getrocknete Steinpilze
500 ml heißes Wasser
3 Schalotten
200 g Champignons
4 EL Öl
3 frische Lorbeerblätter
2 Gewürznelken
400 ml Geflügelfond
400 ml Gemüsefond
Salz
1 EL Pfeffer
4 EL weißer Portwein
2 EL Pflanzenöl
½ Bund frische glatte Petersilie

Grießklößchen:
1 Bund frischer Schnittlauch
250 ml Milch
1 Prise Salz
20 g Butter
100 g Grieß
1 Ei
20 g geriebener Parmesan

• Für die Brühe die Steinpilze etwa 30 Minuten in dem Wasser einweichen. Die Schalotten schälen und fein würfeln. Die Champignons putzen, in Scheiben schneiden und bis zur Verwendung beiseitestellen.

• 2 Esslöffel Öl in einer Pfanne erhitzen und Schalottenwürfel, Lorbeerblätter und Gewürznelken darin dünsten, bis die Schalotten glasig sind. Mit beiden Fonds, Steinpilzen und Steinpilzsud ablöschen. Die Brühe offen bei mittlerer Hitze 20 Minuten kochen.

• Für die Grießklößchen den Schnittlauch waschen und klein schneiden. Milch, Salz und Butter in einem Stieltopf aufkochen. Den Grieß nach und nach unter Rühren einrieseln lassen und weiterrühren, bis sich der Teig als Kloß vom Topfboden löst. Den Topf vom Herd nehmen und Ei und Parmesan zügig unterrühren.

• Reichlich Salzwasser in einem großen Topf zum Kochen bringen. Mithilfe von 2 nassen Teelöffeln etwa 24 gleich große Klößchen aus dem Grießteig abstechen und in das kochende Wasser geben. Die Klößchen bei geringer Hitze 15 Minuten ziehen lassen, dann mit einem Schaumlöffel herausnehmen und abtropfen lassen.

• Die Pilzbrühe durch ein Sieb passieren und mit Salz, Pfeffer und Portwein würzen.

• Das Öl in einer Pfanne erhitzen und die Champignonscheiben darin etwa 3 Minuten anbraten. Die Petersilie waschen und klein schneiden.

• Champignons und Grießklößchen in die Brühe geben und diese erneut kurz aufkochen. Die Petersilie darüberstreuen und sofort servieren.

Tipp: Dazu geröstetes Weißbrot und Weißwein servieren.

WILDSUPPE MIT PFIFFERLINGEN

Eine besonders würzige Suppe zum festlichen Anlass!

Für 4 Personen

250 g Wildfleisch (Hirsch oder Reh)
2 Schalotten
150 g frische Pfifferlinge
1 EL Butterschmalz
2 TL Mehl
750 ml Wasser
5 Wacholderbeeren
5 Pimentkörner
4 EL trockener Rotwein (Burgunder)
200 g Sahne
Salz
Pfeffer
1 Prise Zucker
2 EL Crème double

- Das Fleisch in kleine Würfel schneiden. Die Schalotten schälen und in grobe Würfel schneiden.
- Die Pfifferlinge putzen, waschen und gut abtropfen lassen. Die größeren Pilze in Scheiben schneiden.
- Das Butterschmalz in einer Pfanne erhitzen und die Fleischwürfel darin anbraten. Die Schalotten zugeben und alles 3 Minuten garen. Das Mehl darüberstäuben, einrühren und alles kurz anschwitzen.
- Mit dem Wasser ablöschen, Wacholderbeeren und Pimentkörner zugeben und die Suppe 20 Minuten bei mittlerer Hitze kochen.
- Den Rotwein zugießen und die Suppe weitere 40 Minuten bei geringer Hitze garen.
- Die Suppe durch ein Sieb passieren; die Siebrückstände wegwerfen. Die Sahne unterrühren, erneut aufkochen und mit Salz, Pfeffer und Zucker würzen. Die Pfifferlinge in der Suppe geben und kurz ziehen lassen.
- Die Suppe auf Teller verteilen und vor dem Servieren mit Crème double garnieren.

FLUGENTEN-TERRINE MIT DÖRROBST

Für die Zubereitung müssen Sie sich vor dem Weihnachtsabend etwas mehr Zeit nehmen – aber Ihre Gäste werden begeistert sein!

Für 4 bis 6 Personen

1 kg Barbarie-Entenbrust
500 g Schweinefleisch
1 EL schwarze Pfefferkörner
1½ EL Wacholderbeeren
1 Bund frischer Oregano
½ Bund frischer Rosmarin
½ Bund frischer Beifuß
350 g geräucherte Entenbrust
2 EL Salz, plus etwas mehr zum Abschmecken
100 g Lardo (oder fetter Speck)
175 g getrocknete Früchte (Pflaumen, Äpfel, Aprikosen und Cranberrys)
2 Eier
150 g Sahne
350 g durchwachsener Speck, in Scheiben

• Für die erste Fleischmischung die Entenbrust häuten und mit dem Schweinefleisch in grobe Würfel schneiden.

• Pfefferkörner und Wacholderbeeren in einem Mörser grob zerstoßen. Oregano, Rosmarin und Beifuß waschen, die Blätter von den Stängeln bzw. Zweigen zupfen und grob hacken.

• Schweinefleisch und die Hälfte des Entenfleischs mit Salz, Pfefferkörnern, Wacholderbeeren und Kräutern vermengen und 2 bis 3 Stunden im Kühlschrank marinieren. Die restlichen Entenfleischwürfel kalt stellen.

• Für die zweite Fleischmischung die geräucherte Entenbrust ebenfalls häuten und in 1 cm große Würfel schneiden. Den fetten Speck in sehr kleine Würfel schneiden. Das Dörrobst grob hacken. Alle Zutaten mit der Hälfte der Entenbrustwürfel vermischen. Die restlichen geräucherten Entenbrustwürfel ebenfalls kalt stellen.

• Die erste Fleischmischung 45 Minuten im Tiefkühlfach anfrieren lassen. Dann das angefrorene Fleisch mit einem Pürierstab fein pürieren. Eier und Sahne zugeben und alles durchrühren, bis eine gebundene Farce entsteht.

• Den Backofen auf 220 °C Grad vorheizen. Eine Terrinenform (1,8 l Inhalt) vollständig mit drei Viertel der Speckscheiben auskleiden.

• Die Farce mit der zweiten Fleischmischung sowie restlichen rohen und geräucherten Entenfleischwürfeln vermengen und mit Salz würzen. In die Form füllen, glatt streichen und die restlichen Speckscheiben darauf verteilen.

• Die Terrine 1 Stunde im Ofen auf mittlerer Schiene braten. Danach abkühlen lassen, aus der Form auf eine Platte stürzen und vor dem Servieren 1 Tag im Kühlschrank durchziehen lassen.

Reh-Pastete im Teigmantel

Diese gehaltvolle Pastete kann auch als Hauptgericht mit einem großen Salat serviert werden.

Für 6 bis 8 Personen

Teig:
180 g Schweineschmalz
180 ml Milch
600 g Mehl
2 Prisen Salz
4–6 EL Wasser

Farce:
1 Zwiebel
Butter, zum Anbraten und Einfetten
275 g Rehfleisch
80 g geräucherter Speck
150 g Hackfleisch vom Wild
1 Ei
½ Bund frische glatte Petersilie
½ Bund frischer Oregano
75 g Rehleber
100 g frische Waldpilze (Egerlinge, Steinpilze)
20 ml Weinbrand
Salz
frisch gemahlener Pfeffer
2 Rehfilets
1 Eigelb
3 EL Sahne

• Für den Teig Schmalz und Milch in einem Topf erhitzen und verrühren. Mehl und Salz in eine Schüssel geben, die Milchmischung darübergießen und alles mit den Händen verkneten. So viel Wasser zugeben und weiterkneten, bis ein glatter Teig entsteht. Den Teig in Frischhaltefolie wickeln und 1 Stunde im Kühlschrank ruhen lassen.

• Für die Farce die Zwiebel schälen und klein hacken. Etwas Butter in einer Pfanne zerlassen, die Zwiebel darin glasig dünsten und beiseitestellen.

• Rehfleisch und Speck in kleine Würfel schneiden. Mit Wildfleischhack und Ei in eine Schüssel geben und vermengen. Petersilie und Oregano waschen, die Blätter von den Stängeln zupfen und klein hacken. Die Rehleber ebenfalls klein hacken und mit der Petersilie unter die Fleischmasse mischen.

• Die Waldpilze putzen und in Scheiben schneiden. Abgekühlte Zwiebel, Pilze und Weinbrand mit der Fleischmasse vermengen. Die Farce mit Salz, Pfeffer und Oregano würzen.

• Den Backofen auf 200 °C vorheizen. Eine Terrinen- oder Kastenform (1,8 l Inhalt) mit Butter einfetten. Zwei Drittel des Teigs mit einer Teigrolle ausrollen und die Form damit vollständig auskleiden. Den Teig in den Ecken fest andrücken und überstehende Ränder abschneiden.

• Die Rehfilets in etwas Butter anbraten, mit Salz und Pfeffer würzen. Die Hälfte der Farce in die Form füllen. Die Filets darauf verteilen und die restliche Farce darübergeben. Den restlichen Teig als Deckel für die Pastete ausrollen und in der Mitte eine etwa 3 cm große Öffnung herausstechen, damit beim Backen der Dampf entweichen kann. Über die Pastete legen und rundherum an den Rändern andrücken. Eigelb und Sahne verquirlen und die Teigränder damit einpinseln.

• Die Pastete etwa 2 Stunden im Ofen backen, bis sie leicht gebräunt ist. Herausnehmen und in der Form 12 Sunden kalt stellen und ruhen lassen. Die Ränder rundherum mit einem Messer von der Form lösen, in Scheiben schneiden und servieren.

KÖNIGSPASTETEN MIT RAGOÛT FIN

Blätterteigpasteten schmecken nicht nur leicht und köstlich, sondern sind auch besonders dekorativ auf der Weihnachtstafel.

Für 4 Personen

1 kg weißer und grüner Spargel gemischt
2,5 l Wasser
500 g Kassler
2 Zwiebeln
200 g Champignons
1 EL Salz
2 EL Zucker
2 EL Butter
100 g Crème fraîche
100 ml Milch
30 g Mehl
schwarzer Pfeffer
Saft von 1 Limette
4 Blätterteig-Pasteten (à 30 g)
frischer Kerbel, zum Garnieren

- Die Spargelstangen waschen, von der Spitze abwärts gleichmäßig mit einem Sparschäler schälen und am unteren Ende etwa 1 cm abschneiden. Das Wasser in einem großen Topf erhitzen und Spargelschalen und -enden darin 10 Minuten kochen. Vom Herd nehmen und etwas ziehen lassen.

- Das Kassler waschen, mit Küchenpapier trocken tupfen und in Würfel schneiden. Die Zwiebeln schälen und klein hacken. Die Champignons putzen, waschen und in Scheiben schneiden.

- Spargelschalen und -enden durch ein Sieb abgießen, die Flüssigkeit dabei auffangen. 250 ml des Spargelwassers abmessen und beiseitestellen.

- Das restliche Spargelwasser mit Salz und Zucker aufkochen. Die Spargelstangen darin 15 bis 20 Minuten kochen. Den Spargel herausnehmen, abtropfen lassen und warm stellen; den Spargelsud aufbewahren.

- Die Butter in einer Pfanne erhitzen und die Zwiebeln darin glasig dünsten. Fleisch und Pilze zugeben und kurz mitdünsten. Mit dem beiseitegestellten Spargelwasser ablöschen und die Crème fraîche unterrühren. Das Ragoût aufkochen und weitere 8 Minuten bei mittlerer Hitze köcheln lassen.

- Den Backofen auf 200 °C vorheizen.

- 125 ml des Spargelsuds in das Ragoût gießen, unterrühren und alles erneut aufkochen. Milch und Mehl in einer Schale glatt rühren, zum Ragoût geben und einrühren, damit es bindet. Weitere 2 Minuten köcheln lassen. Mit Pfeffer, Limettensaft und eventuell Salz abschmecken.

- Die Pasteten im Ofen 5 Minuten aufbacken. Herausnehmen und mit dem Ragoût fin füllen. Die Spargelstangen in etwa 5 cm lange Stücke schneiden und in die Pasteten stecken oder darauf verteilen. Mit Kerbelblättchen bestreuen und servieren.

FEINE ROTE-BETE-SUPPE MIT MEERRETTICH

Eine schnell zubereitete und sehr gesunde Suppe, vor allem in der kalten Jahreszeit …

Für 4 Personen

150 g Schalotten
6 Rote Beten
20 g Butter
800 ml Gemüsefond
2 säuerliche Äpfel (Elstar oder Boskop)
Saft von 1 Zitrone
Salz
schwarzer Pfeffer
20 g frisch geriebener Meerrettich
4 EL Kürbiskernöl

- Die Schalotten schälen und in feine Würfel schneiden. Die Rote Beten ebenfalls schälen und in etwa 1 cm große Würfel schneiden.
- Die Butter in einer Pfanne zerlassen und Schalotten- und Rote-Bete-Würfel darin andünsten. Den Fond eingießen und alles zugedeckt 15 bis 20 Minuten bei geringer Hitze köcheln lassen, bis die Rote Beten weich sind.
- Die Äpfel schälen, vierteln, vom Kerngehäuse befreien und in kleine Stücke schneiden.
- Apfelstücke und Zitronensaft zu den Rote Beten geben und die Suppe mit einem Pürierstab fein pürieren. Mit Salz und Pfeffer würzen.
- Die Suppe durch ein feines Sieb passieren, auf Teller oder Schalen verteilen und vor dem Servieren mit dem Meerrettich bestreuen und mit dem Kürbiskernöl beträufeln.

Tipp: Diese Suppe eignet sich prima als Auftakt für ein vegetarisches Weihnachtsmenü (s. S. 38).

HAUPTSPEISEN

PUTEN-HONIGBRATEN MIT WIRSINGGEMÜSE

Ein köstlicher Weihnachtsbraten, der auch an den folgenden Feiertagen kalt aufgeschnitten auf Brot schmeckt.

Für 6 Personen

Puten-Honigbraten:
2 Karotten
2 Zwiebeln
100 g Sellerieknolle
1 Petersilienwurzel
1 Pastinake
300 g Porree
1,5 kg Putenrollbraten
Salz
Pfeffer
2 EL Butterschmalz
2 EL Honig
3 EL Madeira
400 ml Gemüsefond
2 EL Crème fraîche

Wirsinggemüse:
2 große Köpfe Wirsing
1 kg Butter
Salz
schwarzer Pfeffer
frisch geriebene Muskatnuss, nach Belieben

• Den Backofen auf 175 °C vorheizen.

• Für den Putenbraten Karotten, Zwiebeln, Sellerieknolle, Petersilienwurzel und Pastinake schälen und in grobe Würfel schneiden. Die Porreestangen putzen, unter fließendem Wasser waschen und in Ringe schneiden.

• Den Braten abwaschen, mit Küchenpapier trocken tupfen und mit Salz und Pfeffer würzen. Das Butterschmalz in einem Bräter auf dem Herd erhitzen und den Braten darin rundum anbraten. Gemüse und Zwiebeln zufügen und kurz mitrösten.

• Honig und 2 Esslöffel Madeira in einer Schale glatt rühren und den Braten mit der Hälfte der Honigmischung rundherum einstreichen.

• Den Fond zugießen. Den Braten in den Ofen stellen und etwa 90 Minuten garen, dabei ab und zu wenden und mit der restlichen Honigmischung bestreichen, damit er von allen Seiten gleichmäßig bräunt.

• Für das Gemüse die äußeren festen Wirsingblätter der Kohlköpfe entfernen. Die restlichen Wirsingblätter abnehmen und aus jedem Blatt die dicke Mittelrippe herausschneiden. Die Blätter waschen, vierteln, übereinanderlegen und in dünne Streifen schneiden.

• Die Butter klären: Dazu die Butter in einem Topf zerlassen und durch ein mit Küchenpapier ausgelegtes Sieb in einen Topf laufen lassen, um die geröstete Molke vom Butterfett zu trennen. Die geklärte Butter erneut erhitzen und die Wirsingstreifen darin dünsten. Mit Salz, Pfeffer und nach Belieben Muskatnuss würzen.

• Den Braten aus dem Bräter nehmen, in Alufolie wickeln und warm stellen. Für die Sauce den Bratensatz vollständig vom Boden lösen und mit dem Gemüse in einen Topf geben. Crème fraîche und restlichen Madeira zufügen und alles mit einem Pürierstab fein pürieren. Erneut kurz aufkochen, mit Salz abschmecken und die Sauce zu Braten und Gemüse servieren.

Tipp: Als Beilage zu diesem Gericht passen Süßkartoffel-Kroketten (s. S. 38), Kartoffelpüree (s. S. 49) oder auch Kartoffelklöße (s. S. 62).

GEFÜLLTER TRUTHAHN MIT KÖNIGSBOHNEN IM SPECKMANTEL

Dieses traditionelle Thanksgiving-Gericht ist auch ein wunderbares Weihnachtsessen!

Für 8 Personen

Truthahn:
1 Truthahn (8–9 kg), küchenfertig
Salz
frisch gemahlener Pfeffer
zerlassene Butter,
zum Bestreichen
1 TL Truthahnwürzmischung
1 EL Speisestärke

Füllung:
2 große Äpfel
2 Schalotten
200 g Sellerieknolle
450 g Hackfleisch vom Schwein
200 g Butter
240 ml Geflügelbrühe
230 g Weißbrot
200 g gehackte Macadamianüsse
100 g frisch gehackte Petersilie

Königsbohnen:
800 g frische grüne Bohnen
1 EL Öl
1 Bund frisches Bohnenkraut
1 Knoblauchzehe, geschält
Salz
1 TL zerstoßene Pfefferkörner
2 l Wasser
8 Scheiben Schinkenspeck
1 EL Butter

• Den Backofen auf 160 °C vorheizen. Den Truthahn innen und außen mit reichlich Salz und Pfeffer einreiben und beiseitestellen.

• Für die Füllung Äpfel, Schalotten und Sellerie schälen und in Würfel schneiden. Das Hackfleisch mit 100 g Butter in einer Pfanne anbraten, bis es gebräunt ist. Restliche Butter, Apfel-, Schalotten- und Selleriewürfel zugeben und etwa 5 Minuten weiterbraten, bis der Sellerie weich ist. Etwas Wasser zugeben und aufkochen. Vom Herd nehmen und in eine Schüssel geben. Das Weißbrot zerkrümeln und mit Nüssen und Petersilie unter die Füllung mischen.

• Die Füllung mit einem Esslöffel in den Truthahn geben. Die Öffnung mit Küchengarn zunähen oder mit Zahnstochern verschließen. Beine und Flügel mit Küchengarn zusammenbinden, damit sie nicht abstehen und zu schnell verbrennen.

• Den Truthahn mit der Brustseite nach oben in einen Bräter legen, mit etwas zerlassener Butter bestreichen und mit der Würzmischung würzen. Den Truthahn im Ofen etwa 4½ Stunden garen. Wenn die Haut des Truthahns goldbraun zu werden beginnt, den Bräter mit Alufolie abdecken.

• Für das Gemüse die Bohnen waschen und putzen. Das Öl in einem Topf erhitzen und Bohnenkraut, Knoblauch, Salz und Pfeffer kurz darin anrösten. Mit dem Wasser ablöschen und 10 Minuten kochen. Dann die Brühe durch ein Sieb in einen zweiten Topf passieren und die Bohnen darin 8 Minuten kochen. Mit kaltem Wasser abschrecken.

• Die Bohnen zu 8 Bündeln zusammenfassen und diese mit den Schinkenspeckscheiben umwickeln. Eine Auflaufform mit der Butter einfetten, die Bohnenbündel hineinlegen und zugedeckt im Ofen etwa 5 Minuten braten, dabei einmal wenden.

• Kurz vor Ende der Bratenzeit die Folie entfernen und den Truthahn mit dem Bratenfond begießen. Aus dem Backofen nehmen und 20 Minuten ruhen lassen, damit er sich leichter tranchieren lässt. Den Bratenfond erneut aufkochen. Die Speisestärke mit etwas Wasser glatt rühren und in den Bratenfond einrühren, um ihn zu binden. Das Truthahnfleisch mit Sauce und Kaiserbohnen auf Tellern anrichten und servieren.

Süsskartoffel-Kroketten mit Pilzragout, Wirsing und glasierten Cranberrys

Ein leckeres vegetarisches Weihnachtsgericht, zu dem man Rote-Bete-Suppe als Vorspeise ergänzen kann.

Für 4 Personen

Pilzragout:
600 g Champignons
2 Schalotten
1 Knoblauchzehe
½ Bund frische glatte Petersilie
40 g Butter
1 Prise Salz
1 Prise frisch gemahlener schwarzer Pfeffer
1 Prise frisch geriebene Muskatnuss
200 g Schmand
Saft von ½ Zitrone

Süßkartoffel-Kroketten:
500 g Süßkartoffeln
Salz
20 g Butter
1 Knoblauchzehe
3 EL Mehl
2 EL Speisestärke
1 Eigelb
Pfeffer
1 Prise frisch geriebene Muskatnuss
100 g Paniermehl
2 l Pflanzenöl

Wirsinggemüse:
siehe Seite 30

Glasierte Cranberrys:
20 g Butter
75 g Zucker
150 g frische oder getrocknete Cranberrys
150 ml Crème de Cassis

• Für das Pilzragout die Champignons putzen und in 5 mm dünne Scheiben schneiden. Schalotten und Knoblauch schälen und in feine Würfel schneiden. Die Petersilie waschen, die Blätter von den Stängeln zupfen und klein schneiden.

• Die Butter in einem Topf zerlassen und Schalotten und Knoblauch darin glasig andünsten. Die Pilzscheiben zugeben, 3 Minuten mitdünsten und mit Salz, Pfeffer und Muskatnuss würzen. Den Schmand unterrühren und alles etwa 5 Minuten bei geringer Hitze köcheln lassen. Zum Schluss mit dem Zitronensaft abschmecken und warm stellen.

• Das Wirsinggemüse zubereiten (s. S. 30).

• Für die Kroketten die Süßkartoffeln schälen und würfeln. In reichlich Salzwasser 10 bis 12 Minuten kochen, bis sie weich sind. Dann in einem Sieb abtropfen lassen. Mit der Butter in eine Schüssel geben und mit der Gabel zerdrücken. Den Knoblauch schälen und mit einer Knoblauchpresse zu den Kartoffeln pressen. Mehl, Speisestärke und Eigelb unterrühren und alles zu einem festen Teig verkneten. Mit Salz, Pfeffer und Muskatnuss kräftig würzen.

• Das Paniermehl in einen tiefen Teller geben. Mit einem Esslöffel nach und nach 24 Portionen Süßkartoffelpüree ausstechen. Diese mit feuchten Händen zu Kroketten formen und im Paniermehl wälzen und panieren.

• Das Öl in einem großen Topf auf 160 °C erhitzen. Die richtige Temperatur ist erreicht, wenn sich an einem ins Öl gehaltenen Holzspieß Blasen bilden. Die Kroketten nach und nach in das Öl geben und goldbraun frittieren. Mit einem Schaumlöffel herausnehmen und auf Küchenpapier abtropfen lassen.

• Für die glasierten Cranberrys die Butter in einer Pfanne erhitzen und den Zucker darin karamellisieren. Die Cranberrys zugeben und in der Pfanne schwenken. Mit dem Cassis ablöschen und aufkochen, bis der Sud Fäden zieht.

• Die Süßkartoffel-Kroketten mit Wirsinggemüse, Pilzragout und Cranberrys servieren.

WEIHNACHTSGANS MIT APFEL-BROT-FÜLLUNG

Dieses klassische Weihnachtsgericht sollten Sie in jedem Fall einmal ausprobieren!

Für 4 bis 6 Personen

Weihnachtsgans:
1 Gans (ca. 4,5 kg), küchenfertig
Salz
frisch gemahlener Pfeffer
1,25 l Geflügelfond
250 ml Wasser
Saft von 1 Zitrone
1 EL Johannisbeergelee
100 g Butter

Apfel-Brot-Füllung:
1 rote Zwiebel
100 g geräucherter Speck
4 Brötchen vom Vortag
30 g Butter
250 ml Milch
3 Äpfel
100 g getrocknete Früchte (Aprikosen, Pflaumen, Datteln)
2 Zweige frischer Thymian
2 Zweige frischer Rosmarin
3 Zweige frischer Majoran
½ Bund frische Petersilie
½ Bund frischer Beifuß
Salz
frisch gemahlener schwarzer Pfeffer

- Den Backofen auf 200 °C vorheizen. Den Beutel mit den Innereien aus der Gans entfernen und sie unter fließend kaltem Wasser von innen und außen abspülen. Dann mit Küchenpapier trocken tupfen. Die Gans innen mit reichlich Salz und Pfeffer einreiben und beiseitestellen.

- Für die Füllung die Zwiebel schälen und zusammen mit dem Speck in Würfel schneiden. Die Geflügelleber aus dem Beutel nehmen, abwaschen und ebenfalls in Würfel schneiden.

- Zunächst die Speckwürfel bei geringer Hitze in einer Pfanne langsam ausbraten, dann die Zwiebel zugeben und glasig dünsten. Zum Schluss die Leberwürfel zugeben und alles etwa 2 Minuten weiterbraten. Gebratene Speck-, Zwiebel- und Leberwürfel aus der Pfanne nehmen und beiseiseitstellen.

- Die Brötchen würfeln, mit der Butter in das heiße Fett geben und anrösten. Die Milch zugießen, vom Herd nehmen und die Brötchenwürfel etwa 5 Minuten quellen lassen.

- Die Äpfel waschen, vierteln, vom Kerngehäuse befreien und in Spalten schneiden. Die Trockenfrüchte in kleine Würfel schneiden. Die Kräuter waschen, die Blätter von den Zweigen bzw. Stängeln zupfen und klein schneiden.

- Brötchenmasse, Apfelspalten und Kräuter zur Speck-Leber-Mischung geben und verrühren. Mit Salz und Pfeffer kräftig würzen.

- Die Füllung mit einem Esslöffel in die Gans geben. Die Öffnung mit Küchengarn zunähen oder mit Zahnstochern verschließen. Beine und Flügel mit Küchengarn an den Gänsekörper binden, damit sie nicht abstehen und zu schnell verbrennen.

- Die gefüllte Gans mit dem Rücken nach unten auf einen Bratenrost legen und den Rost in eine mit Wasser ausgespülte Fettpfanne setzen. Die Fettpfanne auf die untere Schiene des Ofens schieben und die Gans etwa 3 Stunden braten.

• Während der Bratzeit die Haut unterhalb der Flügel und um die Keulen herum einstechen, damit das Fett ausbraten kann. Die Gans ab und zu mit der Bratenflüssigkeit begießen, damit sie nicht austrocknet. Wenn der Bratensatz in der Fettpfanne bräunt, etwas Geflügelfond zugießen, damit er nicht anbrennt.

• Die Gans während des Bratens zwei- bis dreimal wenden, damit sie von allen Seiten gleichmäßig bräunt: Die Gans mit der Fettpfanne aus dem Ofen holen, mithife zweier Fleischgabeln auf die Bauchseite drehen und wieder in den Ofen schieben. Verdampfte Flüssigkeit immer wieder mit Geflügelfond auffüllen und die Gans mit der Bratenflüssigkeit begießen. Falls zu viel Fett in der Fettpfanne ist, dieses abschöpfen, sonst verbrennt das Fett und entwickelt dabei Rauch.

• Nach der Hälfte der Bratzeit die abgespülten Innereien in die Fettpfanne geben und mitbraten. 10 Minuten vor Ende der Bratzeit die Gans mit Salzwasser bestreichen. Den Backofen auf die höchste Stufe schalten und die Gans weiterbraten, damit die Haut braun und kross wird.

• Die fertige Gans auf eine Platte heben und im ausgeschalteten Ofen warm halten. Für die Sauce das Wasser in die Fettpfanne gießen, den Bratensatz vom Boden lösen, durch ein Sieb in einen Topf gießen und das Fett abschöpfen.

• Den Bratenfond aufkochen, Zitronensaft, Johannisbeergelee und Butter einrühren und mit Salz und Pfeffer abschmecken. Die Sauce zu der Gans servieren.

Tipp: Als Beilagen zum Gänsebraten werden traditionell Kartoffelklöße (s. S. 62) und Rotkohl (s. S. 61) serviert.

Süßkartoffel-Kroketten mit Pilzragout, Wirsing und glasierten Cranberrys

Ein leckeres vegetarisches Weihnachtsgericht, zu dem man Rote-Bete-Suppe als Vorspeise ergänzen kann.

Für 4 Personen

Pilzragout:
600 g Champignons
2 Schalotten
1 Knoblauchzehe
½ Bund frische glatte Petersilie
40 g Butter
1 Prise Salz
1 Prise frisch gemahlener schwarzer Pfeffer
1 Prise frisch geriebene Muskatnuss
200 g Schmand
Saft von ½ Zitrone

Süßkartoffel-Kroketten:
500 g Süßkartoffeln
Salz
20 g Butter
1 Knoblauchzehe
3 EL Mehl
2 EL Speisestärke
1 Eigelb
Pfeffer
1 Prise frisch geriebene Muskatnuss
100 g Paniermehl
2 l Pflanzenöl

Wirsinggemüse:
siehe Seite 30

Glasierte Cranberrys:
20 g Butter
75 g Zucker
150 g frische oder getrocknete Cranberrys
150 ml Crème de Cassis

• Für das Pilzragout die Champignons putzen und in 5 mm dünne Scheiben schneiden. Schalotten und Knoblauch schälen und in feine Würfel schneiden. Die Petersilie waschen, die Blätter von den Stängeln zupfen und klein schneiden.

• Die Butter in einem Topf zerlassen und Schalotten und Knoblauch darin glasig andünsten. Die Pilzscheiben zugeben, 3 Minuten mitdünsten und mit Salz, Pfeffer und Muskatnuss würzen. Den Schmand unterrühren und alles etwa 5 Minuten bei geringer Hitze köcheln lassen. Zum Schluss mit dem Zitronensaft abschmecken und warm stellen.

• Das Wirsinggemüse zubereiten (s. S. 30).

• Für die Kroketten die Süßkartoffeln schälen und würfeln. In reichlich Salzwasser 10 bis 12 Minuten kochen, bis sie weich sind. Dann in einem Sieb abtropfen lassen. Mit der Butter in eine Schüssel geben und mit der Gabel zerdrücken. Den Knoblauch schälen und mit einer Knoblauchpresse zu den Kartoffeln pressen. Mehl, Speisestärke und Eigelb unterrühren und alles zu einem festen Teig verkneten. Mit Salz, Pfeffer und Muskatnuss kräftig würzen.

• Das Paniermehl in einen tiefen Teller geben. Mit einem Esslöffel nach und nach 24 Portionen Süßkartoffelpüree ausstechen. Diese mit feuchten Händen zu Kroketten formen und im Paniermehl wälzen und panieren.

• Das Öl in einem großen Topf auf 160 °C erhitzen. Die richtige Temperatur ist erreicht, wenn sich an einem ins Öl gehaltenen Holzspieß Blasen bilden. Die Kroketten nach und nach in das Öl geben und goldbraun frittieren. Mit einem Schaumlöffel herausnehmen und auf Küchenpapier abtropfen lassen.

• Für die glasierten Cranberrys die Butter in einer Pfanne erhitzen und den Zucker darin karamellisieren. Die Cranberrys zugeben und in der Pfanne schwenken. Mit dem Cassis ablöschen und aufkochen, bis der Sud Fäden zieht.

• Die Süßkartoffel-Kroketten mit Wirsinggemüse, Pilzragout und Cranberrys servieren.

Ente mit Orangenfüllung

Der Entenbraten ist eine prima Alternative zur Weihnachtsgans und braucht auch nicht so lange im Ofen zu garen!

Für 6 Personen

Ente:
1 Ente (ca. 3,5 kg), küchenfertig
Salz
2 EL Butterschmalz
250 ml Entenfond
150 ml Roséwein
2 EL Waldhonig
175 ml Orangensaft
2 Sternanise
Pfeffer

Orangenfüllung:
4 Orangen
150 g Schalotten
½ Bund frische Petersilie
4 Zweige frischer Majoran
Salz
Pfeffer

• Den Backofen auf 190 °C vorheizen.

• Für die Füllung die Orangen abwaschen und in jeweils 8 Spalten schneiden. Die Schalotten schälen und in feine Streifen schneiden. Petersilie und Majoran waschen und klein hacken. Alles in eine Schüssel geben, gut vermengen und mit Salz und Pfeffer würzen.

• Die Ente unter fließendem kaltem Wasser innen und außen abspülen, mit Küchenpapier trocken tupfen und innen und außen mit Salz einreiben.

• Die Füllung mit einem Esslöffel in die Ente geben. Die Öffnung mit Küchengarn zunähen oder mit Zahnstochern verschließen.

• Das Butterschmalz in einem Bräter auf dem Herd erhitzen und die Ente darin kurz von beiden Seiten anbraten. Den Bräter in den Ofen auf die mittlere Schiene stellen und die Ente 1 Stunde und 45 Minuten braten. Nach 20 Minuten Bratzeit Entenfond und Wein zugießen.

• Honig, Orangensaft und Sternanise in einem Topf unter Rühren aufkochen, bis der Honig aufgelöst ist. Während der letzten 10 Minuten Garzeit die Ente mit der Hälfte des Sirups in kurzen Abständen immer wieder bepinseln.

• Die Ente aus dem Bräter nehmen und etwas ruhen lassen, damit sie sich leichter tranchieren lässt.

• Für die Sauce das Fett vom Bratenfond abschöpfen, den Bratensatz vollständig vom Boden lösen und in einen Topf geben. Den restlichen Sirup zugeben, kurz aufkochen, durch ein Sieb pasieren und mit Salz und Pfeffer abschmecken. Die Ente mit der Sauce servieren.

Tipp: Als Beilagen zur Ente schmecken sehr gut Kartoffelklöße (s. S. 62) und Apfelrotkohl (s. S. 61).

WEIHNACHTLICHER COQ AU VIN MIT BLECHKARTOFFELN

Der französische Klassiker als festliches Weihnachtsgericht!

Für 6 Personen

Coq au Vin:
1 Poularde (ca. 2,5 kg), küchenfertig
200 g rote Zwiebeln, in Viertel geschnitten
100 g frischer Knoblauch, ungeschält und grob zerteilt
150 g durchwachsener Speck, in dicke Scheiben geschnitten
300 g Karotten, in grobe Würfel geschnitten
300 g Porree, in Ringe geschnitten
300 g Champignons, in Scheiben geschnitten
½ Bund frische Petersilie, gehackt
2 EL bunte Pfefferkörner
3 Zweige frischer Thymian
6 Lorbeerblätter
1 l Rotwein
1 l roter Portwein
100 g Mehl
5 EL Butterschmalz
Salz
Pfeffer

Blechkartoffeln:
2 EL Öl
700 g Kartoffeln
Salz
Pfeffer
2 Zweige frischer Rosmarin

• Die Poularde 1 Tag vor der Zubereitung zerteilen: Die Keulen mit einer Geflügelschere abtrennen und im Gelenk halbieren; die Flügel ebenfalls abtrennen und die Brustfilets auslösen und quer halbieren.

• Die Poulardenteile mit Zwiebeln, Knoblauch, Speck, Karotten, Porree, Champignons, Petersilie, Pfefferkörnern, Thymian und Lorbeerblätter in eine große Schüssel geben. Wein und Portwein zugießen, alles vermengen und das Fleisch 24 Stunden marinieren.

• Das Fleisch aus der Marinade nehmen und in einem Sieb abtropfen lassen; die Marinade beiseitestellen. Das Mehl auf einen Teller geben und die Geflügelteile darin panieren.

• In einem Schmortopf 2 Esslöffel Butterschmalz erhitzen, das Fleisch darin von allen Seiten etwa 12 Minuten braten und mit Salz und Pfeffer würzen. Die Geflügelteile auf ein Blech legen und beiseitestellen.

• Das Gemüse aus der Marinade nehmen und ebenfalls in einem Sieb abtropfen lassen. Die Marinade aufkochen, dann durch ein feines Sieb in eine Schüssel passieren. Das restliche Butterschmalz im Schmortopf erhitzen und das Gemüse darin 5 Minuten anbraten. Die Fleischstücke zugeben und die Marinade darübergießen. Kurz aufkochen und dann abgedeckt etwa 3 Stunden schmoren.

• Für die Blechkartoffeln den Backofen auf 200 °C vorheizen. Ein Backblech mit dem Öl einfetten. Die Kartoffeln waschen und mit einer Bürste gut säubern. Dann halbieren und mit der Schnittfläche nach unten auf dem Blech verteilen. Mit Salz und Pfeffer würzen und im Ofen etwa 25 Minuten backen, bis die Kartoffelschalen leicht gebräunt sind. Die Blätter von den Rosmarinzweigen zupfen und erst 5 Minuten vor Ende der Garzeit über die Kartoffeln streuen, damit sie nicht verbrennen.

• Hähnchenteile und Gemüse nacheinander in ein großes Sieb geben, abtropfen lassen und warm stellen. Etwa 1,5 Liter des Bratenfonds durch ein feines Sieb in einen Topf passieren und mit Salz und Pfeffer abschmecken. Die Fleischstücke in den Fond geben, erneut erhitzen und dann mit Gemüse und Blechkartoffeln servieren.

KARPFEN MIT MEERRETTICHSAUCE, PETERSILIENKARTOFFELN UND SALAT

Das traditionelle Gericht aus Mittel- und Osteuropa zum Heiligen Abend.

Für 4 Personen

Karpfen:
4 Karpfenfilets (ca. 2,5 kg)
1 rote Zwiebel
4 EL Zitronensaft
40 g Butter
Salz
zerstoßener bunter Pfeffer

Meerrettichsauce:
1 Zwiebel
1 Tomate
½ Bund frischer Dill
20 g Butter
150 ml Gemüsefond
250 g Sahne
3 EL frisch geriebener Meerrettich
Salz und Pfeffer
1 TL Speisestärke

Petersilienkartoffeln:
1 kg mehlig kochende Kartoffeln
Salz
40 g Butter
½ Bund frische Petersilie, gehackt

Salat:
3 Kopfsalatherzen
1 Kopf Friséesalat
4 EL Öl
3 EL Zitronensaft
1 Prise Zucker
Salz und weißer Pfeffer

• Die Karpfenfilets kalt abspülen, mit Küchenpapier trocken tupfen und in etwa 5 cm breite Stücke schneiden. Die Zwiebel schälen und halbieren.

• Reichlich Wasser mit Zwiebelhälften und Zitronensaft in einem Topf aufkochen, die Fischstücke hineingeben und bei geringer Hitze 2 bis 3 Minuten ziehen lassen. Mit einem Schaumlöffel herausnehmen, auf Küchenpapier abtropfen lassen und die Haut mit einem scharfen Messer von den Filets abziehen. Die Fischstücke bis zur weiteren Verwendung beiseitestellen.

• Für die Meerrettichsauce die Zwiebel schälen und fein würfeln. Die Tomate waschen, vierteln, entkernen und in kleine Würfel schneiden. Den Dill waschen, trocken tupfen und klein hacken; einige Stängel zum Garnieren zurückbehalten.

• Die Butter in einem Topf erhitzen und die Zwiebel darin glasig dünsten. Fond und Sahne angießen, den Meerrettich einrühren, mit Salz und Pfeffer würzen und aufkochen. Die Speisestärke mit etwas Wasser glatt rühren und zum Binden in die Sauce einrühren. Zum Schluss Tomatenwürfel und Dill in die Sauce geben und warm stellen.

• Für die Petersilienkartoffeln die Kartoffeln waschen, schälen und vierteln. In reichlich Salzwasser etwa 15 Minuten kochen. Dann das Wasser abschütten und die heißen Kartoffeln mit Butter und Petersilie vermischen.

• Für den Salat beide Salatsorten putzen, waschen, in einer Salatschleuder trocken schleudern, in mundgerechte Stücke schneiden und in eine Schüssel geben. Für das Dressing Öl und Zitronensaft verrühren und mit Zucker, Salz und Pfeffer würzen. Salat und Dressing kurz vor dem Servieren vermischen.

• Die Butter in einer Pfanne erhitzen und die Fischstücke darin von beiden Seiten etwa 3 Minuten braten. Mit Salz und Pfeffer würzen. Die Karpfenfilets mit Kartoffeln, Salat und Meerrettichsauce auf einem Teller anrichten, mit Dill garnieren und servieren.

Lachs in Orangenbeize mit Röstkartoffeln

Ein schmackhaftes Fischgericht, das am besten mit Sekt oder Champagner am Heiligen Abend serviert wird.

Für 6 Personen

Lachs:
2 EL Salz
8 Wacholderbeeren
1 Lorbeerblatt
1 EL Pfefferkörner
1 TL Senfkörner
2 EL Zucker
1 Prise Chili
1 Bund frischer Dill
1 Zweig frischer Thymian
1 Orange
1 Limette
1 Selleriestange
1 kg Lachsfilet mit Haut

Röstkartoffeln:
800 g mehlig kochende Kartoffeln
Salz
1 TL Kreuzkümmelsamen
60 g Zwiebel
3 EL Pflanzenöl
1 Prise schwarzer Pfeffer
20 g Butter

• Für den Lachs Salz, Wacholderbeeren, Lorbeerblatt, Pfefferkörner und Senfkörner in der Küchenmaschine zusammen zerkleinern oder einzeln im Mörser zerstoßen und vermengen. In eine Schüssel geben und Zucker und Chili untermischen.

• Dill und Thymian waschen, abtropfen lassen und fein schneiden. Orange und Limette ebenfalls waschen, die Schale mit einem Sparschäler abschälen und in feine Streifen schneiden. Die Selleriestange waschen, halbieren und in Stücke schneiden.

• Den Lachs mit der Haut nach unten in eine Auflaufform legen. Zuerst die Kräuter darauf verteilen, dann mit Orangen- und Limettenschale sowie Selleriestücken bestreuen. Zum Schluss die Gewürzmischung darüber verteilen und leicht andrücken.

• Die Form mit Frischhaltefolie abdecken und den Lachs im Kühlschrank 24 Stunden marinieren. Nach 12 Stunden einmal wenden.

• Für die Röstkartoffeln die Kartoffeln gut waschen und in einen Topf mit reichlich kaltem Wasser geben. Salz und Kümmel zugeben und aufkochen. Die Kartoffeln etwa 20 Minuten kochen. Durch Hineinstechen mit einer Gabel prüfen, ob sie gar sind. Die Kartoffeln abgießen, noch warm schälen und in 5 mm dünne Scheiben schneiden. Die Zwiebel schälen, halbieren und in Streifen schneiden.

• Das Öl in einer beschichteten Pfanne erhitzen und die Kartoffelscheiben hineingeben. Mit Salz und Pfeffer würzen. Bei mittlerer Hitze etwa 10 Minuten braten; zwischendurch die Pfanne schwenken, damit die Kartoffeln nicht anbrennen. Sobald die Kartoffelscheiben goldbraun und knusprig sind, Butter und Zwiebelstreifen zugeben und weitere 2 Minuten braten und schwenken.

• Den gebeizten Lachs auf einer Platte anrichten und zum Servieren mit einem scharfen Messer schräg in dünnen Scheiben von der Haut schneiden.

KANINCHEN IN ROSÉWEIN MIT KARTOFFELPÜREE

Eigentlich ein traditionelles Ostergericht, das aber auch sehr gut an Weihnachten serviert werden kann.

Für 4 Personen

Kaninchen:
100 g Schalotten
2 Knoblauchzehen
1 Kaninchen (ca. 1,5 kg), küchenfertig
Salz
Pfeffer
2 EL Olivenöl
2 EL Mehl
500 ml trockener Roséwein
200 ml Wasser
2 Zweige frischer Rosmarin
200 g Cocktailtomaten
1 Bund Frühlingszwiebeln
5 Zweige frischer Thymian
½ Bund frischer Schnittlauch, zum Garnieren

Kartoffelpüree:
1 kg mehlig kochende Kartoffeln
Salz
40 g Butter

• Den Backofen auf 160 °C vorheizen.

• Für das Kaninchen die Schalotten schälen und halbieren. Den Knoblauch ebenfalls schälen und fein hacken.

• Das Kaninchen unter fließendem kaltem Wasser von innen und außen abspülen, mit Küchenpapier trocken tupfen und mit Salz und Pfeffer würzen.

• Das Öl in einem Bräter auf dem Herd erhitzen und das Kaninchen darin rundherum anbraten. Knoblauch und Schalotten zugeben und kurz mitbraten. Das Mehl darüberstäuben und anschwitzen. Mit Wein und Wasser ablöschen. Die Rosmarinzweige waschen, zugeben und alles erneut aufkochen.

• Den Bräter abdecken, in den Ofen geben und das Kaninchen 75 bis 90 Minuten schmoren, bis sich das Fleisch leicht vom Knochen löst.

• Tomaten, Frühlingszwiebeln und Thymianzweige waschen. Die Frühlingszwiebeln putzen und in grobe Stücke schneiden. Nach 45 Minuten Bratzeit Tomaten, Frühlingszwiebeln und Thymian in den Bräter geben und mitschmoren.

• Für das Kartoffelpüree die Kartoffeln schälen, vierteln und in einen Topf geben. Mit Wasser bedecken, salzen und 20 Minuten kochen. Mit einer Gabel prüfen, ob die Kartoffeln gar sind. Das Wasser abgießen und die Kartoffeln ausdampfen lassen. Die Butter zugeben und die Kartoffeln mit einem Pürierstab fein pürieren.

• Das fertige Kaninchen aus dem Bräter nehmen und tranchieren. Den Bratenfond durch ein feines Sieb passieren, erneut aufkochen und mit Salz und Pfeffer abschmecken.

• Den Schnittlauch waschen und in feine Röllchen schneiden. Die Kaninchenstücke mit Kartoffelpüree und Bratensauce auf Tellern anrichten und mit dem Schnittlauch bestreuen.

HIRSCHGULASCH MIT SPÄTZLE

Diese österreichische Spezialität schmeckt nicht nur am Heiligen Abend, sondern aufgewärmt auch noch an den anderen Weihnachtstagen.

Für 4 Personen

Hirschgulasch:
1 kg Hirschgulasch aus der Keule
Salz
frisch geriebener schwarzer Pfeffer
100 g Karotten
50 g Sellerieknolle
2 Zwiebeln
2 Knoblauchzehen
2 EL Butterschmalz
1 l trockener Rotwein
200 ml Crème de Cassis
4 Wacholderbeeren
1 Lorbeerblatt
1 kleines Stück Speckschwarte
10 g Zartbitterschokolade
1 EL Zucker
1 EL Speisestärke

Spätzle:
8 Eier
100 ml kaltes Wasser
250 g Mehl
250 g Instantmehl
Salz
frisch geriebene Muskatnuss
2 EL Öl

• Für das Hirschgulasch das Fleisch mit Salz und Pfeffer würzen. Karotten, Sellerie und Zwiebeln schälen und in kleine Würfel schneiden. Den Knoblauch ebenfalls schälen und durch eine Knoblauchpresse drücken.

• In einem großen Schmortopf das Butterschmalz erhitzen und das Fleisch darin rundherum scharf anbraten. Das Gemüse zugeben und mit Rotwein und Cassis ablöschen.

• Wacholderbeeren, Lorbeerblatt, Speckschwarte, Schokolade, gepressten Knoblauch und Zucker zugeben und untermischen. Den Topf mit dem Deckel verschließen und das Gulasch etwa 1 Stunde bei mittlerer Hitze schmoren.

• Für die Spätzle Eier und Wasser mit dem Knethaken einer Küchenmaschine leicht schaumig rühren. Beide Mehlsorten vermengen und nach und nach in die Eier rühren. Weiterrühren, bis ein zäher, luftiger Teig entsteht. Mit Salz und Muskat würzen und abdeckt 30 Minuten ruhen lassen.

• Den Teig mit einem Spätzlehobel oder einer Presse nach und nach in reichlich kochendes Wasser schaben oder drücken und 1 bis 2 Minuten kochen. Sobald die Spätzle an die Wasseroberfläche steigen, sind sie gar. Die Spätzle mit einem Schaumlöffel abschöpfen, kurz mit kaltem Wasser abschrecken, auf einem Sieb abtropfen lassen und warm stellen.

• Am Ende der Schmorzeit des Gulaschs die Speisestärke mit etwas Wasser glatt rühren und in das Gulasch einrühren, um es zu binden. Mit Salz und Pfeffer abschmecken und mit den Spätzle servieren.

Tipp: Zum Gulasch noch einen frischen Salat (s. S. 44) oder Bohnen (s. S. 52) als Gemüse servieren.

Rehkeule mit Bohnen

Dieses Wildgericht sollten Sie zum Fest mit einem Glas trockenen Rotwein genießen.

Für 4 Personen

Rehkeule:
1,2 kg Rehkeule ohne Knochen
Salz
frisch gemahlener schwarzer Pfeffer
8 Wacholderbeeren
½ TL getrockneter Thymian
½ TL getrockneter Majoran
½ TL getrockneter Rosmarin
1 Lorbeerblatt
125 g geräucherter Speck
2 Zwiebeln
2 EL Butterschmalz
300 ml Rotwein (Spätburgunder)
1 EL Speisestärke
90 g Crème double

Bohnen:
500 g Erbsenschoten
1 Stängel frisches Bohnenkraut
1 große Zwiebel
30 g Butter
Salz
weißer Pfeffer
1 Prise Zucker

- Den Backofen auf 180 °C vorheizen. Die Rehkeule von Haut und Sehnen befreien und mit Salz und Pfeffer einreiben.
- Die Wacholderbeeren in einem Mörser zerstoßen, in einer Schale mit den Kräutern vermischen und das Lorbeerblatt hineinbröseln. Die Rehkeule mit der Gewürzmischung einreiben.
- Den Speck in dünne Scheiben schneiden und die Keule damit rundherum belegen. Mit Küchengarn umwickeln und binden, damit die Scheiben sich nicht beim Braten lösen.
- Die Zwiebeln schälen und fein würfeln. Einen Bräter mit dem Butterschmalz einfetten, die Rehkeule hineinlegen und die Zwiebelwürfel zugeben. Den Bräter in den Backofen geben und die Rehkeule insgesamt 45 Minuten schmoren, dabei gelegentlich mit Wasser übergießen. Nach 30 Minuten Bratzeit den Speck entfernen und die Keule weiterbraten und braun werden lassen.
- Für das Gemüse die Bohnen waschen, die Stiele entfernen und lange Bohnen halbieren. Zusammen mit dem Bohnenkraut in kochendes Salzwasser geben und etwa 5 Minuten kochen. In ein Sieb abschütten und beiseitestellen.
- Die Zwiebel schälen und in feine Würfel schneiden. Die Butter in einem Topf erhitzen und die Zwiebelwürfel darin andünsten. Die Bohnen zugeben und kurz mitdünsten. Das Gemüse mit Salz, Pfeffer und Zucker würzen.
- Die Rehkeule aus dem Bräter nehmen und warm stellen. Den Bratenfond im Bräter auf dem Herd mit dem Rotwein aufkochen. Die Speisestärke mit etwas Wasser glatt rühren und die Sauce damit binden. Die Crème double unterrühren und die Sauce mit Salz und Pfeffer abschmecken.
- Das Fleisch in Scheiben schneiden und mit Sauce und Bohnen servieren.

Tipp: Als Beilage Kartoffelklöße (s. S. 62) oder Kartoffelpüree (s. S. 49) servieren.

Kalbsmedaillons mit karamellisierten Apfelscheiben und Kartoffel-Kohlrabi-Gemüse

Eine leichtes Weihnachtsgericht, das Sie sehr dekorativ servieren können.

Für 2 Personen

Kartoffel-Kohlrabi-Gemüse:
300 g kleine Kartoffeln
300 g Kohlrabi
1 Zwiebel
30 g Butter
Salz
frisch gemahlener roter Pfeffer
250 ml Kalbsfond oder Gemüsefond
100 g Crème double

Karamellisierte Apfelscheiben:
2 säuerliche Äpfel
40 g Butter
2 EL Zucker
100 ml Weißwein
Saft von ½ Zitrone

Kalbsmedaillons:
4 Kalbsmedaillons à 60 g
Salz
frisch gemahlener schwarzer Pfeffer
2 EL Öl

• Für das Gemüse die Kartoffeln waschen, schälen, vierteln und in kaltes Wasser legen. Die Kohlrabi schälen und in etwa gleich große Stücke wie die Kartoffeln schneiden. Die Zwiebel schälen und fein würfeln.

• Die Butter in einem Topf erhitzen und die Zwiebel darin glasig andünsten. Kartoffeln und Kohlrabi zugeben und weitere 2 Minuten dünsten. Mit Salz und Pfeffer würzen.

• Den Fond zugießen und alles zugedeckt bei mittlerer Hitze 20 Minuten garen. Kurz vor Ende der Garzeit die Crème double unterrühren.

• Inzwischen für die karamellisierten Apfelscheiben die Äpfel schälen, das Kerngehäuse mit einem Ausstecher entfernen und in Scheiben schneiden.

• Die Butter in einer Pfanne aufschäumen und den Zucker darin bei mittlerer Hitze unter ständigem Rühren karamellisieren. Sobald das Karamell braun zu werden beginnt, mit dem Weißwein ablöschen. Die Apfelscheiben zufügen und anbraten; zwischendurch die Pfanne schwenken, damit sie nicht anbrennen. Dann mit dem Zitronensaft beträufeln und abgedeckt bei geringer Hitze etwa 3 Minuten schmoren lassen.

• Für die Kalbsmedaillons das Fleisch mit Salz und Pfeffer würzen. Das Öl in einer Pfanne erhitzen und das Fleisch von beiden Seiten 3 Minuten braten.

• Die Medaillons mit dem Gemüse auf Tellern anrichten, mit den Apfelscheiben belegen und nach Belieben mit dem Karamellsirup beträufeln.

Gefüllte Kalbsbrust mit Waldpilzen

Dieser saftige Weihnachtsbraten überzeugt durch seine besondere Würze.

Für 6 Personen

300 g Weißbrot
125 ml Milch
4 Eier
1 rote Zwiebel
150 g durchwachsener Speck
100 g Steinpilze
150 g Pfifferlinge
½ Bund frische glatte Petersilie
20 g Butter
Salz
Pfeffer
3,5 kg Kalbsbrust, küchenfertig
5 EL Öl
50 g Butter

• Für die Füllung das Weißbrot klein schneiden, mit Milch und Eiern in einer Schüssel vermischen und einweichen lassen.

• Die Zwiebel schälen und zusammen mit dem Speck in Würfel schneiden. Die Stielansätze der Steinpilze entfernen, die Pilzköpfe mit Küchenpapier abreiben und ebenfalls in Würfel schneiden. Die Pfifferlinge nur kurz in kaltem Wasser waschen, auf einem Küchentuch abtropfen lassen und klein hacken. Die Petersilie waschen, die Blätter von den Stängeln zupfen und klein hacken.

• Die Butter in einer Pfanne erhitzen und die Zwiebel darin glasig dünsten. Speck und Pilze zugeben und kurz anbraten. Speck-Pilz-Mischung und Petersilie zu den eingeweichten Brotwürfeln geben, alles gut vermengen und mit Salz und Pfeffer würzen.

• Den Backofen auf 160 °C vorheizen. Mit einem langen spitzen Messer an der Längseite eine tiefe Tasche in die Kalbsbrust schneiden oder das Fleisch bereits beim Einkauf vom Metzger zuschneiden lassen.

• Die Kalbsbrust innen und außen mit Salz und Pfeffer einreiben. Die Füllung mit einem Esslöffel in die Tasche geben und gleichmäßig verteilen. Nicht zu viel einfüllen, damit die Tasche beim Braten nicht platzt. Die Kalbsbrust mit Küchengarn umwickeln und binden.

• Das Öl in einem Bräter auf dem Herd erhitzen und den Kalbsbraten darin rundherum anbraten. In den Ofen stellen und etwa 90 Minuten braten, dabei gelegentlich mit etwas Wasser begießen und den Braten wenden. Nach 1 Stunde die Temperatur auf 200 °C erhöhen, damit das Fleisch bräunt.

• Die Kalbsbrust aus dem Bräter nehmen und etwas ruhen lassen. Für die Sauce den Bratensatz vom Boden des Bräters lösen, durch ein Sieb in einen Topf gießen und das Fett abschöpfen. Die Butter einrühren, kurz aufkochen und mit Salz und Pfeffer abschmecken. Den Braten in Scheiben schneiden und mit der Sauce servieren.

Tipp: Als Beilage zur gefüllten Kalbsbrust passen sehr gut Röstkartoffeln (s. S. 46) oder Kartoffel-Kohlrabi-Gemüse (s. S. 54).

MARINIERTE HASENKEULE

Dieses Gericht braucht etwas mehr Vorbereitungszeit, aber der Aufwand lohnt sich!

Für 4 Personen

1 Zwiebel
3 Knoblauchzehen
½ kleine Sellerieknolle
2 Karotten
1 Porreestange
4 Wacholderbeeren
4 Gewürznelken
4 Pimentkörner
4 Hasenkeulen à 250 g
2 Lorbeerblätter
1 Zweig frischer Rosmarin
1 Zweig frischer Thymian
750 ml Rotwein
100 ml Rotweinessig
Salz
Pfeffer
2 EL Mehl
2 EL Butterschmalz
1 EL Tomatenmark
1 EL Ahornsirup
1 EL Wildgewürz
1 EL Speisestärke

• Für die Marinade Zwiebel, Knoblauch, Sellerieknolle und Karotten schälen. Zwiebel und Knoblauch klein hacken, Sellerie und Karotten in Würfel schneiden. Die Porreestange putzen, unter fließendem Wasser waschen und in feine Ringe schneiden. Wacholderbeeren, Gewürznelken und Pimentkörner im Mörser zerstoßen und vermischen.

• Die Hasenkeulen in eine große Auflaufform legen und Gemüse, Gewürzmischung, Lorbeerblätter, Rosmarin- und Thymianzweig darauf verteilen. Rotwein und Essig darübergießen – die Keulen müssen vollständig mit der Marinade bedeckt sein. Mit Frischhaltefolie abdecken und 24 Stunden im Kühlschrank marinieren. Zwischendurch die Keulen wenden.

• Die Keulen aus der Marinade nehmen, in einem Sieb abtropfen lassen und mit Küchenpapier trocken tupfen. Mit Salz und Pfeffer kräftig würzen und mit 1 Esslöffel Mehl bestäuben. Das Gemüse ebenfalls aus der Marinade nehmen und diese durch ein Sieb passieren.

• Das Butterschmalz in einem Schmortopf erhitzen und das Fleisch darin bei mittlerer Hitze von allen Seiten anbraten. Tomatenmark und die Hälfte des Marinadengemüses zugeben, mit dem restlichen Mehl bestäuben und anbraten, dabei nach und nach die Marinade zugießen.

• Die Keulen im abgedeckten Schmortopf etwa 1 Stunde bei mittlerer Hitze schmoren. Falls zu viel Flüssigkeit verdampft, etwas Wasser angießen.

• Das Fleisch aus dem Topf nehmen und kurz ruhen lassen. Sirup und Wildgewürz in Bratenfond und Gemüse einrühren, kurz aufkochen lassen und mit Salz und Pfeffer abschmecken. Die Speisestärke mit etwas Wasser glatt rühren und die Sauce damit binden. Die Keulen mit Gemüse und Sauce servieren.

Tipp: Zu den Hasenkeulen schmecken sehr gut Petersilienkartoffeln (s. S. 44) oder Blechkartoffeln (s. S. 42).

SAUERBRATEN MIT PRINTENSAUCE UND APFELROTKOHL

Der Klassiker aus dem Rheinland erfreut sich gerade in der kalten Jahreszeit großer Beliebtheit.

Für 4 bis 6 Personen

Sauerbraten:
2 Zwiebeln
¼ Sellerieknolle
2 Karotten
650 ml Wasser
350 ml Rotweinessig
4 Lorbeerblätter
3 Gewürznelken
5 Wacholderbeeren
4 Pimentkörner
1 TL weißer Pfeffer
Fleur de Sel
2 kg Rindbraten aus der Keule
3–4 EL Butterschmalz
450 ml trockener Rotwein
150 g Printen
50 g Korinthen

Apfelrotkohl:
1 kg Äpfel
250 ml klarer Apfelsaft
1 Tütchen Vanillezucker
50 g Zucker
2 Zwiebeln
20 g Butterschmalz
2 Gläser Rotkohl (à 580 ml)
2 EL Apfelgelee

• Für die Sauerbraten-Marinade Zwiebeln, Sellerieknolle und Karotten schälen und in Würfel schneiden. Das Gemüse mit 250 ml Wasser, Essig, Lorbeerblättern, Gewürznelken, Wacholderbeeren, Pimentkörnern, Pfeffer und Salz in eine große Auflaufform geben und mischen.

• Das Fleisch waschen, mit Küchenpapier trocken tupfen, in die Marinade legen und darin wälzen. Mit Frischhaltefolie abdecken und 2 Tage im Kühlschrank marinieren. Zwischendurch mehrmals wenden.

• Den Backofen auf 180 °C vorheizen. Den Braten aus der Marinade heben und mit Küchenpapier trocken tupfen. Die Marinade durch ein Sieb passieren und 200 ml davon abmessen.

• Das Butterschmalz in einem Bräter auf dem Herd erhitzen, das Fleisch darin von allen Seiten kräftig anbraten und herausheben. Das Marinaden-Gemüse in das Bratfett geben und unter Rühren ebenfalls kräftig anbraten. Den Braten wieder hineinlegen und mit abgemessener Marinade, Rotwein und restlichem Wasser ablöschen und aufkochen. Den Bräter abdecken und in den Ofen geben. Den Braten etwa 2½ Stunden braten.

• Für den Rotkohl die Äpfel schälen, vierteln, vom Kerngehäuse befreien und in Würfel schneiden. Apfelwürfel, Apfelsaft, Vanillezucker und Zucker in einen Topf geben, zugedeckt aufkochen und 8 bis 10 Minuten köcheln lassen. Dabei ein- bis zweimal umrühren.

• Die Zwiebeln schälen und fein würfeln. Das Butterschmalz in einem Topf erhitzen und die Zwiebeln darin glasig dünsten. Den Rotkohl zufügen, aufkochen und bei schwacher Hitze etwa 12 Minuten schmoren. Gelee und Apfelmischung zufügen und unterrühren.

• Die Printen grob zerbröseln. Den Braten aus dem Bräter nehmen und warm halten. Den Bratfond durch ein Sieb passieren und wieder in den Bräter auf dem Herd geben. Korinthen und Printenbrösel unterrühren und die Sauce etwa 10 Minuten köcheln lassen.

• Den Braten aufschneiden und mit Apfelrotkohl und Sauce servieren.

Tipp: Dazu schmecken am besten Kartoffelklöße (s. S. 62).

RINDERBRATEN BURGUND MIT KARTOFFELKLÖSSEN

Beim Wein für diesen Braten sollten Sie nicht sparen, sondern einen hochwertigen Tropfen verwenden.

Für 4 Personen

Rinderbraten Burgund:
800 g Rinderbraten
Salz
Cayennepfeffer
1 TL frisch gehackter Rosmarin
1 TL frisch gehackter Thymian
1 EL Butterschmalz
2 Zwiebeln, in feine Würfel geschnitten
2 Knoblauchzehen, in feine Würfel geschnitten
2 Karotten, in große Würfel geschnitten
¼ Sellerieknolle, in große Würfel geschnitten
2 Lorbeerblätter
2 Gewürznelken
1 TL rote Pfefferkörner
50 g Tomatenmark
650 ml Rotwein (Burgunder)
500 ml Rinderfond
4 Tomaten
2 EL Butterschmalz
2 EL Mehl
100 g Crème fraîche

Kartoffelklöße:
500 g mehlig kochende Kartoffeln
150 g Mehl, plus etwas mehr zum Bestäuben
2 Eier
Salz
frisch geriebene Muskatnuss, nach Belieben

• Den Backofen auf 180 °C vorheizen. Für den Rinderbraten das Fleisch waschen, mit Küchenpapier trocken tupfen und rundherum mit Salz, Pfeffer, Rosmarin und Thymian einreiben. Das Butterschmalz in einem Bräter auf dem Herd erhitzen und das Fleisch darin von allen Seiten anbraten.

• Zwiebel-, Knoblauch- und Gemüsewürfel zum Fleisch geben und mitbraten. Lorbeerblätter, Gewürznelken und Pfefferkörner zugeben. Dann das Tomatenmark einrühren und kurz anbraten. Mit Rotwein und Fond ablöschen und den Braten etwa 90 Minuten im Ofen schmoren lassen.

• Für die Klöße die Kartoffeln waschen und in reichlich Salzwasser 20 Minuten kochen. Abschütten, kurz abkühlen lassen und schälen. Dann durch eine Kartoffelpresse drücken oder mit einem Kartoffelstampfer zerdrücken.

• In einer Schüssel gestampfte Kartoffeln, Mehl, Eier, Salz und nach Belieben Muskatnuss verkneten, bis ein glatter Teig entsteht. Mit feuchten Händen aus dem Teig etwa gleich große Klöße formen.

• Reichlich Salzwasser in einem großen Topf zum Kochen bringen. Die Klöße schnell hintereinander in das Wasser geben und bei mittlerer Hitze etwa 10 Minuten mehr ziehen als kochen lassen. Mit einem Schaumlöffel aus dem Wasser heben, auf einem Sieb abtropfen lassen und warm stellen.

• Den Braten aus dem Bräter nehmen und warm stellen. Den Bratenfond durch ein Sieb in einen Topf passieren.

• Die Tomaten mit kochendem Wasser überbrühen, häuten, entkernen und in Würfel schneiden. In einem zweiten Topf das Butterschmalz erhitzen und Tomatenwürfel sowie das Bratengemüses darin andünsten. Dann mit dem Mehl bestäuben und alles anschwitzen. Nach und nach mit dem Bratenfond ablöschen und erneut aufkochen. Mit Salz und Pfeffer abschmecken und mit der Crème fraîche verfeinern.

• Den Braten in Scheiben schneiden und mit Klößen und Sauce servieren.

Roastbeef mit Kartoffelsalat

Da der Kartoffelsalat auch sehr gut schon einen Tag vor dem Fest zubereitet werden kann, ist dieses Gericht weniger zeitraubend am Heiligen Abend.

Für 6 Personen

Roastbeef:
1,5 kg Roastbeef
1 TL Meersalz
1 Prise frisch gemahlener schwarzer Pfeffer
3 EL Pflanzenöl, plus etwas mehr zu Bestreichen

Kartoffelsalat:
1 kg festkochende Kartoffeln
1 Zwiebel
½ Bund Frühlingszwiebeln
100 g Essiggurken
½ Bund frischer Schnittlauch
½ Bund frische Petersilie
250 ml Kalbs- oder Rinderfond
80 ml Weißweinessig
1 TL scharfer Senf
Salz
frisch gemahlener schwarzer Pfeffer
4 EL Sonnenblumenöl

• Für den Kartoffelsalat die Kartoffeln in reichlich Salzwasser 20 Minuten kochen, bis sie gar sind. Die Zwiebel schälen und fein hacken. Die Frühlingszwiebeln waschen, putzen und in Ringe schneiden. Die Gurken in grobe Würfel schneiden. Schnittlauch und Petersilie waschen, abtropfen lassen und fein hacken.

• Den Fond in einen Topf geben und erhitzen. Essig, Senf, Salz und Pfeffer zugeben und verrühren. Vom Herd nehmen.

• Die Kartoffeln abgießen, etwas abkühlen lassen, schälen und in Scheiben schneiden. In eine große Schüssel geben und die noch warme Brühe darübergießen.

• Öl, Zwiebel, Frühlingszwiebeln, Gewürzgurken und Kräuter zugeben, alles vermengen und mit Salz und Pfeffer abschmecken. Den Kartoffelsalat etwa 2 Stunden ziehen lassen und erneut mit Salz abschmecken.

• Den Backofen auf 210 °C vorheizen.

• Für das Roastbeef die Fettschicht mit einem scharfen Messer an den möglichen Schnittstellen quer einritzen, damit sich das Fleisch nach dem Braten leichter teilen lässt. Zusätzlich auch noch längs einritzen, damit das Fett besser ausbraten kann und das Roastbeef knusprig wird. Das Fleisch von allen Seiten mit Salz und Pfeffer einreiben.

• Das Öl in einer Pfanne erhitzen und das Fleisch von allen Seiten etwa 2 Minuten kräftig anbraten.

• Ein Backblech mit etwas Öl einfetten, das Fleisch darauflegen und in den Ofen stellen. Das Roastbeef 25 Minuten braten, herausnehmen und vor dem Aufschneiden 5 Minuten ruhen lassen. Zusammen mit dem Kartoffelsalat servieren.

SCHWEINEBRATEN MIT SCHWARTE UND OFENGEMÜSE

Für das Ofengemüse können Sie auch anderes Gemüse verwenden, wie Pastinaken, Rosenkohl, Süßkartoffeln oder Kürbis.

Für 6 Personen

250 g Karotten
4 Zwiebeln
350 g Sellerieknolle
3 Rote Beten
8 Knoblauchzehen
3 rote Paprika
2–3 Zweige frischer Rosmarin
3 frische Lorbeerblätter
Salz
Pfeffer
1,5 kg Schweineschulter
mit Schwarte
500 ml Schweinefond

• Karotten, Zwiebeln, Sellerieknolle und Rote Beten schälen. Die Knoblauchzehen nicht schälen, nur mit einem Messer andrücken. Die Zwiebeln vierteln und Karotten, Sellerie und Rote Beten in grobe Stücke schneiden.

• Die Paprika waschen, halbieren, entkernen und ebenfalls in grobe Stücke schneiden. Den Rosmarin waschen, trocken schütteln und die Blätter von den Zweigen zupfen.

• Den Backofen auf 175 °C vorheizen.

• Gemüse, Zwiebeln, Knoblauchzehen, Rosmarin und Lorbeerblätter in eine Schüssel geben und mit Salz und Pfeffer vermengen.

• Das Fleisch mit warmen Wasser abwaschen und mit Küchenpapier trocken tupfen. Die Schwarte mit einem scharfen Messer rautenförmig etwa 5 mm tief einschneiden. Mit Salz und Pfeffer einreiben.

• Den Braten in einen Bräter legen, das Gemüse um das Fleisch herum verteilen und den Fond zugießen. Im Ofen etwa 100 Minuten braten. Für die letzten 20 Minuten die Temperatur auf 225 °C Oberhitze erhöhen, damit der Braten knusprig wird.

• Den Braten aus dem Bräter nehmen, in Alufolie wickeln, etwas ruhen lassen und dann aufschneiden.

• Das Gemüse aus dem Bratensud nehmen, mit Salz und Pfeffer abschmecken und nach Belieben mit dem Bratenfond als Sauce zum Braten servieren.

Tipp: Dazu schmecken Röstkartoffeln (s. S. 46).

Schweinerücken mit Hagebuttensauce

Ingwer, Hagebuttenmarmelade und Zimt geben diesem Braten einen säuerlich-süßlichen Geschmack, der an die Küche des Orients erinnert.

Für 4 Personen

1 kg Schweinerücken
Salz
frisch gemahlener schwarzer Pfeffer
1 EL edelsüßes Paprikapulver
5 Schalotten
1 Knoblauchzehe
1 kleines Stück Ingwerwurzel
10 Backpflaumen
1 TL Pfefferkörner
2 Wacholderbeeren
1 Lorbeerblatt
700 ml trockener Rotwein (Merlot)
Saft von 1 Zitrone
2 Karotten
3 EL Butterschmalz
1 Msp. Zimt
2 EL Hagebuttenmarmelade
200 g Schlagsahne
1 Prise Zucker
Saft von 1 Orange
1 EL Speisestärke, nach Belieben

• Den Schweinerücken mit Salz, Pfeffer und Paprikapulver einreiben und in eine große Schüssel legen.

• 2 Schalotten, Knoblauchzehe und Ingwer schälen und grob hacken. Die Backpflaumen ebenfalls grob hacken. Schalotten, Knoblauch, Ingwer, Backpflaumen zusammen mit Pfefferkörnern, Wacholderbeeren und Lorbeerblatt zum Fleisch geben. Rotwein und Zitronensaft darübergießen und das Fleisch in der Marinade wälzen. Mit Frischhaltefolie abdecken und 2 Tage im Kühlschrank marinieren. Zwischendurch den Schweinerücken mehrmals wenden.

• Den Backofen auf 200 °C vorheizen. Das Fleisch aus der Marinade nehmen und mit Küchenpapier trocken tupfen. Die Marinade durch ein Sieb passieren, 500 ml davon abmessen und beiseitestellen; die Siebrückstände wegwerfen. Restliche Schalotten und Karotten schälen und in Würfel schneiden.

• Das Butterschmalz in einem Bräter auf dem Herd erhitzen, das Fleisch darin von allen Seiten scharf anbraten und mit Salz, Pfeffer und Zimt würzen. Karotten und Zwiebeln zufügen und kurz mit anbraten. Mit der abgemessenen Marinade ablöschen.

• Den Bräter abdecken und in den Ofen auf die untere Schiene stellen. Den Braten 90 Minuten schmoren.

• Den Schweinerücken aus dem Bräter nehmen und warm stellen. Den Bratenfond durch ein Sieb in einen Stieltopf passieren und etwas einkochen lassen.

• Hagebuttenmarmelade und Sahne unterrühren und die Sauce mit Salz, Pfeffer und Zucker abschmecken. Zum Schluss den Orangensaft zugeben und alles erneut kurz aufkochen. Nach Belieben die Speisestärke mit etwas Wasser glatt rühren und in die Sauce rühren, damit sie andickt.

• Den Braten in Scheiben schneiden und mit der Sauce servieren.

Tipp: Als Beilagen zu diesem Schweinebraten eignen sich am besten Rotkohl (s. S. 60) oder Rosenkohl und Kartoffelklöße (s. S. 62).

Wildschweinschulter in Spätburgunder mit frittierten Streichholzkartoffeln

Zu diesem Festtagsbraten sollten Sie in jedem Fall einen guten Rotwein servieren.

Für 4 Personen

Wildschweinschulter:
6 Wacholderbeeren
800 g Wildschweinschulter
Salz
frisch gemahlener schwarzer Pfeffer
4 Schalotten
2 Karotten
150 g Sellerieknolle
1 Porreestange
2 EL Butterschmalz
1 TL Tomatenmark
1 Lorbeerblatt
1 Gewürznelke
4 schwarze Pfefferkörner
250 ml Spätburgunder
250 ml Wildfond
100 g Sahne

Streichholzkartoffeln:
600 g festkochende Kartoffeln
2 l Pflanzenöl
Salz

• Für die Wildschweinschulter die Wacholderbeeren in einem Mörser zerstoßen. Das Fleisch mit Salz, Pfeffer und Wacholderbeeren einreiben.

• Schalotten, Karotten und Sellerieknolle schälen. Die Schalotten grob hacken, die Karotten in Scheiben und die Sellerieknolle in Würfel schneiden. Die Porreestange putzen, unter fließendem Wasser waschen und in Ringen schneiden.

• Den Backofen auf 180 °C vorheizen.

• Das Butterschmalz in einem Bräter auf dem Herd erhitzen und das Fleisch darin von allen Seiten kräftig anbraten. Gemüse und Tomatenmark zugeben und kurz anrösten. Lorbeerblatt, Gewürznelke und Pfefferkörner unterrühren und alles mit dem Wein ablöschen.

• Den Bräter in den Ofen stellen und den Braten etwa 45 Minuten garen.

• Für die Streichholzkartoffeln die Kartoffel waschen, schälen und mit einem Gemüsehobel in etwa 3 mm breite und 5 cm lange streichholzgroße Streifen hobeln. In einer Schüssel mit Wasser kurz wässern, dann auf einem Küchentuch trocknen lassen.

• Das Pflanzenöl in einem großen Topf auf 160 °C erhitzen. Die Streichholzkartoffeln portionsweise darin frittieren, bis sie gebräunt sind. Mit einem Schaumlöffel herausnehmen, auf Küchenpapier abtropfen lassen und salzen.

• Den Braten aus dem Bräter nehmen und warm stellen. Für die Sauce den Bratensatz vollständig vom Boden lösen und durch ein Sieb in einen Stieltopf passieren. Wildfond und Sahne unterrühren, kurz aufkochen und mit Salz und Pfeffer abschmecken.

• Den Wildschweinbraten in Scheiben schneiden und mit Sauce und Streichholzkartoffeln servieren.

WILDSCHWEINBRATEN MIT PILZGULASCH

Wildgerichte können sehr delikat mit fruchtigen Kompotts oder Preiselbeeren verfeinert werden.

Für 4 bis 6 Personen

Wildschweinbraten:
5 Schalotten
2 Karotten
200 g Sellerieknolle
3 EL Öl
2 TL brauner Zucker
1 EL Tomatenmark
80 ml roter Sherry
250 ml Rotwein
750 ml Kalbsfond
1,5 kg Wildschweinschulter
1 kleines Stück Ingwerwurzel
1 Knoblauchzehe
1 EL Wacholderbeeren
1 TL Fenchelsamen
1 Sternanis
1 TL schwarze Pfefferkörner
2 Lorbeerblätter
2 EL getrocknete Champignons
1 EL Pflaumenmus
1 Zweig frischer Thymian
1 Zweig frischer Salbei
Salz

Pilzgulasch:
1 kg gemischte Pilze (Steinpilze, Champignons, Kräuterseitlinge)
3 EL Butter
5 Schalotten
frisch gemahlener weißer Pfeffer
Salz
45 ml trockener Weißwein
½ TL Instant-Gemüsebrühe
100 g Sahne
1 Bund frische Petersilie

• Den Backofen auf 150°C vorheizen.

• Für den Braten Schalotten, Karotten und Sellerieknolle schälen und in Würfel schneiden. 1 Esslöffel Öl in einem Bräter auf dem Herd erhitzen und das Gemüse darin 2 bis 3 Minuten andünsten. Zucker und Tomatenmark unterrühren und alles andünsten. Mit Sherry und Rotwein ablöschen. Bei mittlerer Hitze einkochen lassen, dabei nach und nach den Fond zugießen.

• Das restliche Öl in einer Pfanne erhitzen und die Wildschweinschulter darin von allen Seiten kräftig anbraten. Das Fleisch in den Gemüse-Bratenfond geben und abgedeckt im Backofen etwa 2½ Stunden schmoren.

• Ingwer und Knoblauch schälen und in Scheiben schneiden. Wacholderbeeren, Fenchelsamen, Sternanis und Pfefferkörner in einer Pfanne bei geringer Hitze ohne Fett rösten. Zusammen mit Lorbeerblättern, Champignons, Ingwer und Knoblauch 30 Minuten vor Ende der Garzeit zum Braten geben und mitbraten.

• Für das Pilzgulasch die Pilze waschen, putzen und je nach Größe halbieren oder vierteln. Die Schalotten schälen und fein hacken. Die Butter in einem Topf erhitzen und die Schalotten darin glasig dünsten. Die Pilze zugeben, kräftig anbraten, mit Pfeffer und Salz würzen und mit dem Wein ablöschen. Instantbrühe und Sahne einrühren und das Gulasch bei geringer Hitze 10 Minuten köcheln lassen. Die Petersilie waschen, trocken tupfen, fein hacken und vor dem Servieren untermischen.

• Am Ende der Garzeit des Fleisches das Pflaumenmus in den Bratenfond rühren, Thymian und Salbei zugeben und einige Minuten ziehen lassen.

• Das Fleisch aus dem Bräter nehmen und warm stellen. Den Bratenfond durch ein Sieb passieren, dabei das Gemüse etwas durchdrücken; die Siebrückstände wegwerfen. Die Sauce mit Salz und Pfeffer abschmecken und zum Braten mit dem Pilzgulasch servieren.

Tipp: Dazu schmecken sehr gut Spätzle (s. S. 50).

LAMMRÜCKEN MIT MINZESAUCE

Dieser Lammbraten nach englischer Art überzeugt durch seinen feinen Ingwer- und Minzegeschmack.

Für 4 Personen

4 Schalotten
30 g Ingwerwurzel
Salz
1 EL edelsüßes Paprikapulver
1 EL Öl
Saft von 1 Zitrone
1 kg Lammrücken ohne Knochen
1 Zitrone
2 EL Pflanzenöl
2 EL flüssiger Honig
250 ml Wasser
½ Bund frische Minze
1 EL Weißweinessig
3 EL Whisky
2 TL Zucker
Pfeffer

- Den Backofen auf 160 °C vorheizen.
- Die Schalotten schälen und fein hacken. Die Ingwerwurzel schälen und mit einer Reibe fein reiben. Schalotten, Ingwer, Salz, Paprikapulver, Öl und Zitronensaft in einer Schüssel zu einer Marinade vermengen.
- Den Lammrücken in die Marinade legen, darin wälzen und abgedeckt 2 Stunden marinieren.
- Die Zitrone heiß abwaschen, halbieren, auspressen und die Hälften beiseitestellen.
- Das Fleisch aus der Marinade nehmen und abtropfen lassen. Das Öl in einem Bräter erhitzen und das Fleisch darin von allen Seiten anbraten. Dann rundherum mit dem Honig bestreichen und mit dem Zitronensaft beträufeln. Die Zitronenhälften zum Fleisch in den Bräter geben.
- Den Braten abgedeckt etwa 30 Minuten im Backofen garen. Dann 125 ml Wasser aufgießen und im offenen Bräter nochmals 10 Minuten braten.
- Das Fleisch aus dem Bräter nehmen und warm stellen. Den Bräter auf den Herd stellen, das restliche Wasser zugießen, den Bratensatz vom Boden lösen und aufkochen.
- Die Minze waschen, abtropfen lassen und fein hacken. Minze, Essig, Whisky und Zucker in die Sauce rühren und mit Salz und Pfeffer abschmecken.
- Den Lammrücken aufschneiden und mit der Sauce servieren.

Tipp: Als Beilage zum Lammbraten eignen sich Blechkartoffeln (s. S. 42) oder auch Kartoffel-Kohlrabi-Gemüse (s. S. 54).

NACHSPEISEN

ORANGEN-VANILLECREME MIT GRAND MARNIER

Ein leichtes, erfrischendes Dessert nach dem üppigen Hauptgericht!

Für 8 Personen

3 Orangen
1 Limette
5 Blatt weiße Gelatine
4 Eigelb
80 g Zucker
2 EL Grand Marnier
350 g griechischer Joghurt (10 % Fettgehalt)
1 Vanillestange
250 g Schlagsahne
8 Orangenschalenhälften, zum Servieren
Orangenzesten, zum Garnieren

- Orangen und Limette heiß abwaschen und die Schalen fein abreiben. Dann die Früchte halbieren und auspressen, die Orangenschalen aufbewahren.
- Die Gelatineblätter in kaltem Wasser 10 Minuten einweichen. Für das Wasserbad einen breiten Topf zur Hälfte mit Wasser füllen und aufkochen.
- Eigelb und Zucker in einer metallenen Rührschüssel mit einem Handrührgerät schaumig aufschlagen. Die Schüssel auf das Wasserbad setzen, Orangen- und Limettenschale, Orangen- und Limettensaft sowie Grand Marnier zugeben und mit einem Schneebesen kräftig rühren, bis die Creme schaumig ist.
- Die Schüssel vom Herd nehmen. Die Gelatineblätter leicht ausdrücken und nacheinander in die Creme rühren und auflösen. Kurz abkühlen lassen, dann den Joghurt untermischen und die Creme 5 bis 10 Minuten im Kühlschrank kalt stellen.
- Die Vanillestange halbieren und das Mark herauskratzen. Sahne und Vanillemark mit dem Handrührgerät steif schlagen und unter die Creme heben.
- Die Creme in die 8 Orangenschalenhälften oder alternativ in Schälchen füllen und im Kühlschrank kalt stellen, bis sie fest ist. Vor dem Servieren mit Orangenzesten garnieren.

Herrencreme mit Schokoraspeln

Eine klassische cremige Nachspeise – nicht nur für Herren!

Für 8 Personen

3 Päckchen
Vanille-Puddingpulver
1 l Milch
5 EL Zucker
5 EL Kirschwasser
200 g Zartbitterschokolade
400 g Schlagsahne

• Das Puddingpulver mit 4 Esslöffeln Milch glatt rühren. Restliche Milch und Zucker in einem Topf aufkochen.

• Das angerührte Puddingpulver unter ständigem Rühren mit einem Schneesbesen in die heiße Milch gießen und kurz aufkochen.

• Den Pudding in eine Schüssel umfüllen und mit Frischhaltefolie abdecken, damit sich keine Haut bildet. Im Kühlschrank vollständig auskühlen und fest werden lassen.

• Den Pudding erneut mit einem Schneebesen aufschlagen und das Kirschwasser unterrühren. Die Schokolade mit einer Reibe fein raspeln und zwei Drittel unter den Pudding rühren.

• Die Sahne mit dem Handrührgerät steif schlagen und unter die Creme heben. In Schalen oder Gläser füllen und vor dem Servieren mit den restlichen Schokoraspeln garnieren.

Tipp: Anstelle von Kirschwasser kann auch Rum oder Weinbrand verwendet werden.

WEIHNACHTSPUNSCH-CREME MIT WEISSER SCHOKOLADE

Der Weihnachtspunsch ist als heißes Getränk auch ideal zum Aufwärmen nach einem Weihnachtsspaziergang ...

Für 10 Personen

Weihnachtspunsch:
150 ml trockener Rotwein
250 ml roter Portwein
Saft von 1 Zitrone
Saft von 1 Orange
50 ml brauner Rum
30 g Zucker
3 Gewürznelken
2 Sternanise
1 Zimtstange

Creme:
3 Blatt weiße Gelatine
4 Eigelb
100 g Zucker
400 g Schlagsahne
50 g weiße Schokolade, zum Garnieren

- Für den Punsch alle Zutaten in einen Topf geben, kurz aufkochen und bei mittlerer Hitze etwa 30 Minuten kochen. Durch ein Sieb in eine metallene Schüssel passieren und beiseitestellen.
- Für die Creme die Gelatine in kaltem Wasser 10 Minuten einweichen.
- Die Schüssel mit dem Punsch auf ein heißes Wasserbad (s. S. 78) setzen. Eigelb und Zucker unter Rühren mit einem Schneebesen zufügen und die Creme 5 bis 8 Minuten kräftig aufschlagen, bis sie schaumig ist.
- Die Schüssel vom Herd nehmen. Die Gelatineblätter leicht ausdrücken und nacheinander in die Creme rühren und auflösen. Dann in eine große Schüssel mit Eiswasser stellen und weiterrühren, bis die Creme kalt ist.
- Die Sahne mit einem Handrührgerät steif schlagen und mit einem Teigschaber unter die kalte Creme heben. In flache Schalen füllen und 3 bis 4 Stunden im Kühlschrank kalt stellen.
- Die Schokolade in feine Späne hobeln und vor dem Servieren über die Creme streuen.

VANILLEKIPFERL-SPEKULATIUS-TIRAMISU MIT KIRSCHEN

Ein wunderbares Überraschungs-Dessert, zubereitet mit Ihrem Weihnachtsgebäck.

Für 4 bis 6 Personen

1 Glas Sauerkirschen (370 ml)
1 kleine Zimtstange
1 kleines Stück Zitronenschale
3 EL Zucker
10 g Speisestärke
100 g Gewürzspekulatius
100 g Vanillekipferl
125 g Schlagsahne
250 g Mascarpone
100 g Naturjoghurt
2 Tütchen Vanillezucker
8 EL Whisky-Likör (Baileys)
20–30 g Vollmilchschokolade

• Die Kirschen in ein Sieb geben, abtropfen lassen und den Saft auffangen.

• Kirschsaft, Zimtstange, Zitronenschale und 1 Esslöffel Zucker in einem Topf aufkochen. Die Speisestärke mit etwas kaltem Wasser glatt rühren, in den kochenden Saft geben und unter Rühren etwa 1 Minute köcheln lassen.

• Zimtstange und Zitronenschale entfernen. Die Kirschen unterheben, die Masse in eine Schüssel geben und etwa 1 Stunde im Kühlschrank auskühlen lassen.

• Spekulatius und Vanillekipferl in einen Gefrierbeutel geben und mit einer Teigrolle fein zerdrücken.

• Die Sahne mit einem Handrührgerät steif schlagen. Mascarpone, Joghurt, restlichen Zucker und Vanillezucker in einer Schüssel verrühren. Zum Schluss die Sahne unterheben.

• Die Plätzchenbrösel in eine Auflaufform geben, gleichmäßig darin als Boden verteilen und etwas festdrücken. Den Whisky-Likör gleichmäßig darübergießen.

• Dann die Kirschmasse darauf verteilen, die Mascarpone-Joghurt-Sahne-Creme darübergeben und glatt streichen. Das Tiramisu mindestens 1 Stunde im Kühlschrank kalt stellen.

• Das Tiramisu auf Schalen verteilen. Mit einem Sparschäler kleine Röllchen von der Schokolade hobeln und diese vor dem Servieren über das Tiramisu streuen.

MOUSSE AU CHOCOLAT

Dieser Dessert-Klassiker sollte bei einem festlichen Weihnachtsmenü nicht fehlen.

Für 4 bis 6 Personen

300 g Zartbitterkuvertüre
4 Eier
50 g Zucker
2 EL ungesüßtes Kakaopulver
40 ml Kirschwasser
50 ml Espresso
1 Prise Salz
250 g Schlagsahne
20–30 g Vollmilchschokolade

• Die Zartbitterkuvertüre in Stücke schneiden und in einer metallenen Schüssel über einem Wasserbad (s. S. 78) unter ständigem Rühren mit einem Schneebesen langsam schmelzen lassen.

• Die Eier trennen und das Eiweiß im Kühlschrank kalt stellen. Eigelb und Zucker mit einem Handrührgerät schaumig rühren.

• Kakaopulver, Kirschwasser und Espresso in die Eiermasse rühren. Dann die geschmolzene Schokolade unterrühren, bis eine glatte Creme entsteht.

• Eiweiß und Salz steif schlagen und den Eischnee mit dem Schneebesen in die Creme rühren.

• Die Sahne ebenfalls steif schlagen und mit einem Teigschaber unterheben. Die Mousse mindestens 2 Stunden im Kühlschrank kalt stellen.

• Mit einem Esslöffel große Kugeln aus der Mousse löffeln und in Gläser füllen. Mit einem Sparschäler kleine Röllchen von der Schokolade hobeln und diese vor dem Servieren über die Mousse streuen.

ZIMT-HONIGPARFAIT MIT ZWETSCHGENMUS

Ein orientalisches, frisches Dessert, das Ihre Gäste begeistern wird.

Für 4 Personen

Parfait:
3 Eigelb
100 g Honig
250 g Sahne
40 ml Wodka
2 TL Zimt, plus etwas mehr zum Servieren
½ TL Lebkuchengewürz

Zwetschgenmus:
500 g Zwetschgen, Tiefkühlware aufgetaut
500 ml Rotwein, plus etwas mehr nach Bedarf
250 ml Portwein
1 Zimtstange

• Für das Zwetschgenmus die Zwetschgen vierteln, in eine Schüssel geben und mit Rotwein und Portwein übergießen, sodass die Früchte vollständig bedeckt sind. Die Zimtstange zugeben. Die Zwetschgen 2 Tage bei Zimmertemperatur marinieren, dabei nach Bedarf noch etwas Rotwein angießen.

• Für das Parfait Eigelb und Honig in einer Schüssel mit dem Handrührgerät schaumig schlagen. In einer zweiten Schüssel die Sahne steif schlagen und den Wodka einrühren. Beides locker miteinander vermischen und mit Zimt und Lebkuchengewürz würzen.

• Die Creme in eine Kastenform füllen, glatt streichen und mit Alufolie abgedeckt im Gefrierschrank oder Tiefkühlfach 3 bis 4 Stunden gefrieren lassen.

• Das Parfait 30 Minuten vor dem Servieren aus dem Tiefkühlfach nehmen und bei Zimmertemperatur antauen lassen.

• Die marinierten Zwetschgen in einen Topf geben, die Zimtstange entfernen und die Früchte bis kurz vor dem Siedepunkt erhitzen. Mit einem Pürierstab fein pürieren und dann kurz aufkochen.

• Das Parfait auf eine Platte stürzen, in Scheiben schneiden und auf Schalen verteilen. Das heiße Zwetschgenmus darübergeben und nach Belieben mit Zimt bestreut servieren.

Tipp: Das Zwetschgenmus schmeckt auch sehr gut zu Eiscreme oder Vanillepudding.

Schokoladensoufflé mit Blattgold

Eine besonders festliche und dekorative Nachspeise!

Für 4 Personen

150 g Zartbitterschokolade 75%
150 g Butter, plus etwas mehr zum Einfetten
2 Eier
2 Eigelb
75 g Mehl
100 g Zucker, plus etwas mehr zum Bestäuben
½ TL Lebkuchengewürz
1 Prise Salz
4 Blättchen essbares Blattgold

- Souffléförmchen oder runde Auflaufformen (8 cm Ø) mit etwas Butter einfetten und mit etwas Zucker ausstreuen. Den Backofen auf 170 °C vorheizen.
- Die Schokolade grob hacken und zusammen mit der Butter in einer Schüssel über einem heißen Wasserbad unter ständigem Rühren mit einem Schneebesen langsam schmelzen lassen.
- Die Eier trennen. Das Eigelb und die 2 zusätzlichen Eigelb in die Schoko-Butter-Masse rühren. Dann Mehl, Zucker und Lebkuchengewürz unterrühren, bis eine glatte Creme entsteht.
- Eiweiß und Salz mit einem Handrührgerät steif schlagen und den Eischnee vorsichtig unter die Creme heben.
- Die Soufflémasse in die vorbereiteten Förmchen füllen. Eine große Auflaufform mit 2 cm Wasser füllen, die Förmchen hineinstellen und die Auflaufform in den Ofen stellen.
- Die Soufflés 15 bis 20 Minuten backen. Währendessen den Ofen nicht öffnen, sonst fallen sie zusammen.
- Das fertige Schokoladensoufflé am besten sofort heiß servieren, ansonsten mit einer Wärmehaube abdecken. Nach Belieben mit Blattgold garnieren.

Tipp: Essbares Blattgold, sogenanntes Speisegold, bekommt man in Feinkostläden oder Patisserien.

BESCHWIPSTE BIRNE MIT SCHOKOLADENSAUCE AUF VANILLE-EISCREME

Für Kinder, die am Essen teilnehmen, einfach einige Birnenspalten beiseitestellen und nicht marinieren.

Für 4 Personen

3 Birnen (ca. 600 g)
Saft von 1 Zitrone
3 EL Birnengeist
200 g Vanille-Eiscreme

Schokoladensauce:
1 Vanillestange
125 ml Milch
100 g Sahne
100 g Zartbitterkuvertüre
50 g Vollmilchkuvertüre
10 ml Weinbrand
20 g Zucker
40 ml Pflanzen- oder Haselnussöl

• Die Birnen waschen, vierteln, vom Kerngehäuse befreien und in Spalten schneiden. Zitronensaft und Birnengeist verrühren und über die Birnen gießen. Die Birnenstücke mindestens 30 Minuten im Kühlschrank marinieren.

• Für die Schokoladensauce die Vanillestange halbieren und das Mark herauskratzen.

• Milch, Sahne und Vanillemark in einen Topf geben und bei mittlerer Hitze aufkochen.

• Beide Kuvertüren klein schneiden und mit einem Schneebesen nach und nach langsam in die Milch rühren. Weiterrühren, bis die Schokolade vollständig aufgelöst ist. Dann vom Herd nehmen.

• Weinbrand, Zucker und Öl einrühren. Die Sauce durch ein feines Sieb passieren und auf Zimmertemperatur abkühlen lassen.

• Eingelegte Birnen und Vanille-Eiscreme in Schalen anrichten, mit der Schokoladensauce begießen und nach Belieben mit der Marinade beträufeln.

Tipp: Die Schokoladensauce kann auch zu anderen Eisdesserts oder zum Bratapfel (s. S. 94) serviert werden.

GEFÜLLTER BRATAPFEL MIT VANILLESAUCE

Beim Braten der Äpfel entfaltet sich ein herrlicher Duft, der wunderbar zu einem gemütlichen Weihnachtsabend passt.

Für 4 Personen

Bratäpfel:
4 säuerliche Äpfel (Boskop)
1 Vanillestange
40 g gehackte Macadamianüsse
80 g Marzipanrohmasse
2 EL Rum
2 Eiweiß
1 Prise Lebkuchengewürz
3 EL Zitronensaft
Puderzucker
20 g Butter
30 g brauner Zucker

Vanillesauce:
1 Vanillestange
250 ml Milch
6 Eigelb
50 g Zucker

• Den Backofen auf 175 °C vorheizen.

• Für die Bratäpfel die Äpfel waschen, einen Deckel abschneiden und das Kerngehäuse mit einem runden Ausstecher entfernen.

• Für die Füllung die Vanillestange der Länge nach halbieren und das Mark herauskratzen. Nüsse, Marzipan, Vanillemark und Rum in eine Schüssel geben und zu einem glatten Teig verkneten.

• Das Eiweiß mit dem Handrührgerät steif schlagen und unter die Füllung heben. Mit Lebkuchengewürz, Zitronensaft und Puderzucker abschmecken.

• Die Äpfel mit der Marzipan-Nuss-Masse füllen und den Apfeldeckel wieder daraufsetzen. In eine Auflaufform geben, die Butter in kleinen Flöckchen daraufsetzen, mit dem Zucker bestreuen und im Ofen etwa 20 Minuten backen.

• Für die Vanillesauce die Vanillestange der Länge nach halbieren und das Mark herauskratzen. Vanillemark und -stange mit der Milch in einen Topf geben und aufkochen. Vom Herd nehmen und durch ein Sieb passieren.

• Eigelb und Zucker mit einem Handrührgerät in einer metallenen Schüssel schaumig rühren. Die heiße Vanillemilch nach und nach unter ständigem Rühren in die Ei-Zucker-Masse gießen.

• Die Sauce über einem Wasserbad (s. S. 78) unter ständigem Rühren mit einem Schneebesen weiter erhitzen und cremig rühren. Dann in eine große Schüssel mit Eiswasser stellen und weiterrühren, bis die Sauce kalt ist.

• Die warmen Bratäpfel mit der Vanillesauce anrichten und servieren.

Tipp: Die Vanillesauce kann auch warm zum Bratapfel serviert werden. Zum Aufbewahren die Sauce mit Frischhaltefolie abdecken, damit sich keine Haut bildet und im Kühlschrank aufbewahren.